新書

本郷和人
HONGO Kazuto

天皇はなぜ生き残ったか

312

新潮社

権力のない天皇の権威とは——問題提起として

ある大学の学術会議で、西洋中世史の先生が「日本の場合は天皇と将軍というように、権威と権力が分離していたので……」とごく自然な調子で発言されたのを聞き、驚くとともに強烈な違和感を感じた。将軍が権力であるのはまだ良いとして、中世の天皇は権威なのであろうか。二〇名程の歴史研究者がその場にはいたのだが、誰も問い質さずに済ませてしまうくらい、自明の前提となっているのだろうか。研究者の、あるいは社会の共通理解になっているのだとしたら、いつの間にそんな研究が行われていたのか。そういえばたしかに、西洋史やイスラム史との比較において、ローマ教皇やカリフを天皇に、国王やスルタンを将軍に擬《なぞら》える安直な整理も行われている。

戦国時代の天皇を評して、しばしば「天皇はたしかに権力を失った。だがその権威は損なわれていなかった」というが如き言及がなされる。この時期の天皇はたいへんに貧乏であった。費用がなくて大嘗祭の執行はおろか、即位・譲位もままならない状況であった。それでも権威が衰えていない、と言い切るには問題がある。そう反論することは容易《たやす》いが、いまはそのレベルでの議論はさておく。

よくよく考えてみたい。権力と権威とはそのように簡単に分離して考察できるものなのか。そもそも天皇の権力とは具体的にはどういうもので、権威とはどういう社会的な機能を指し示すのか。わたしは寡聞にして、右のように評する方がこうした問いに真摯に答えている実例を知らない。ならば、それは単なる「言葉の遊び」にすぎない。

昨今、天皇や天皇制についての議論をよく耳にする。どのような主張を展開するのも自由ではあるのだが、結論先にありき、の言説が多いのには閉口する。そうした論者に共通するのが、知識のつまみ食いと言葉の遊びである。天皇制賛美の理屈も、天皇制否定の論拠も、初めからほぼ定まっていて先の展開が見えてしまう。お互いに影響しあって、新しい知見に到達しようというのではない。他者の論点を取り入れる努力をせず、言いたいことを声高に述べるだけ。それでは有意義な議論は成立しないだろう。

もう一つ、天皇を歴史的に解説する本、「天皇のすべて」の如き本に多いのは、まず古代を語り、中世と江戸時代を通り過ぎ、明治とそれ以降に言及するという構えである。天皇が輝いていた（と思われる）古代を重視するかかる方法は、他ならぬ明治政府とそれに連なる学者たちが創出したものである。それを疑問もなく、あるいは承知の上で、継承する論者は、当然の事ながら天皇制にむやみに高い評価を与えることになる。それは方法でありながらすでにして結論であるから、客観的な試みにはなり得ない。

外国からの元首クラスの賓客をおもてなしする際の天皇制の利便性は。家族の具体的なあり方のモデルとしての皇室のありようは。国民の意思を統合する触媒としての天皇の役割は等々。現代社会における天皇の働きを考察する様々な角度からの論理的な試みは、まことに傾聴に値する。ところが、思いきっていってしまうと、天皇を「歴史」や「伝統」とともに論じ始めると、途端にオカルトじみた気配が漂うことが多い。

天皇は一〇〇〇年以上、民のため神に祈ってきた世界でも稀有な存在であり、日本人はこれを誇るべきである。そんな主張が堂々と罷り通る。たしかにわたしたちは神社に詣でれば厳粛な気持ちになり、頭《こうべ》を垂れる。お寺や教会で敬虔な祈りを捧げる人もあろう。だが信仰や神仏への敬意と、論理や物理的な機能とは別次元の話である。祈れば物理的な成果が産出される、という命題は信心であって、断じて科学ではない。

日本人の心性の産物である伝統は維持されねばならない、ともいう。そんな浅薄な理屈はない。過去に学び、残すべきは守り、誤りは是正してきたからこそ現在がある。こうした情緒的なやり方で天皇について語るのは、戦前の亡霊ともいうべき天皇への歪んだ愛を一方的に告白するに等しき行いであって、冷静な議論の端緒には成り得ない。情念ではなく、論理を。実証的で科学的な論理を。それが本書の基本的な方法である。

現在、天皇制を考えるに際しては、

i　伝統重視をいうも史料読解に怠慢である。結果、主張の論拠を明示できない。

ii　言葉遊びに終始して、まじめに考えることをしない。

かかる人々がさも専門家であるかのように、あるいはまさに権威であるかのように振舞い、モノを知らぬわたしたちを教え諭してくれる。「上から」のかたちで議論が終始しているように思う。それでは不健全であろう。

互いの立場を尊重しながら、まっとうに話し合いたい。わたしはそう思い、本書を構想した。天皇とは何であったか。天皇の本質は、「天皇の芯」とは何であったか。左とか右とかの特定の考えに縛られず、早急に結論を出さずに、歴史学の立場から真摯に考察を重ねたつもりである。ウンチクの如き知識の切り売りは最小限に控えて、時代と天皇との相関関係をなるべく大きく捉えようとした。読んで下さったみなさんが自ら天皇を考えるとき、少しでもお役に立てれば幸いです。

天皇はなぜ生き残ったか ◆ 目次

第8章　衰微する王権に遺された芯

第1章　古代天皇は厳然たる王だったか

Ⅰ　人口の増加と権力の発達

魏・呉・蜀の三国は拮抗していたか　大好きな三国志から始めよう。二〇七年、襄陽《じょうよう》近く。隆中《りゅうちゅう》の一草庵で流浪の将軍劉備と出会った諸葛亮は、荊州と益州の速やかな占拠を勧め、北方の曹操と東方の孫権に対抗する第三勢力の旗揚げを提案した。彼のプランは紆余曲折を経た後に何とかかたちを整え、二一四年、図1のような三国の鼎立が実現する。……とは三国志のファンであれば、みなご存知のストーリーである。

だが図1には大きな欺瞞がある。国土の広さを見るとたしかに三国は拮抗しているが、そこには地理的な条件が反映されていない。平地の多い魏と山ばかりの蜀とでは、人の居住性、耕作に適した土地の面積に雲泥の差があった。その上、古くから文明が栄えた地域である魏と、入植が遅れた呉や蜀では生活水準が全く異なり、それは魏の圧倒的な優位となって表れた。

図1　三国が鼎立する中国

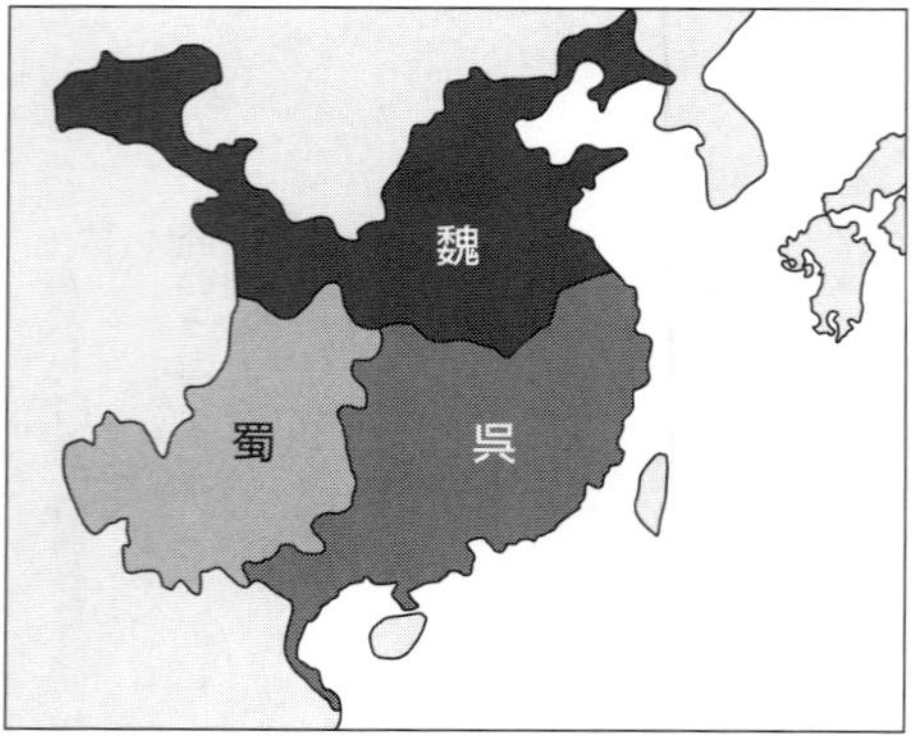

人の数だけで比べてみると、中国史の大家、貝塚茂樹による古典的な研究では魏が六六万戸・四四三万人で兵力は二〇万人、呉が五二万戸・二三〇万人で一五万人、蜀が二八万戸・九四万人で八万人ほどとされていた。人口に比べて兵力が異様に多いが、危急存亡時の最大可能動員数と考えておきたい。なお、最近では二一三年の荀攸《じゅんゆう》らの上申を根拠として魏の人口を多く見積もるようで、一三〇万戸で人口は九〇〇万人ほどとされる。魏は他の二国に比べると穏やかな徴兵をしていたようであるから、兵は四〇万人ほどとなろうか。

　こうして見ると、三国には明らかな国力の格差が存在する。これではいかに諸葛亮や周瑜が超人的な活躍をしようとも、来るべき魏による併合は避けられない。三国志とは三国が覇を競う絢爛たる物語ではない。長江を生命線とし、呆れるほど執拗に合肥で戦闘を繰り返す孫氏政権。秦嶺山脈の険阻にしがみつく劉氏政権。二つの田舎軍閥が、魏の国内事情を窺いながら、必死に生き残りを模索する涙ぐましい苦労譚なのである。

さて、ここで日本の人口に目を転じてみよう。日本列島にはどれくらいの人が住んでいたのだろうか。人口史の第一人者、鬼頭宏の整理によれば、魏と交流のあった卑弥呼の時代に一八〇万人ほど。人口はその後に次第に増えたようで、八〇〇年の時点では六〇〇〜六五〇万ほど。平安時代と中世を通じては数値の上昇はゆるやかになり、一六〇〇年に一〇〇〇万人ほど。八〇〇年間は毎年五〇〇〇人ずつしか伸びていないわけだが、うち続く戦乱・飢饉・疫病が増加を妨げる代表的な要因であったとされる。江戸時代になると急激な伸張を示し、一七〇〇年には二五〇〇万人に膨れあがる。一七世紀は人口爆発の世紀であった。

国力と人口は密接な連関を示す。それは三国志を例にしても、世界史を見ても明らかであろう。現在の政治情勢も同様の示唆を与えてくれており、近い将来、中国とインドが特別な発言力を行使し始めるだろうとは衆目の一致する観測である。そうであれば国力を制御する権力の大きさも、支配に服する人々の数量と無関係ではあり得まい。日本の古代から中世は、人口は徐々に増加していく。中央権力も軌を一にして、ゆっくりと深化していったのではないか。わたしは大まかに、かかるイメージを構想している。

人間は失敗し、痛みに学ぶ。昨日の反省を今日に生かそうとして歩を進める。ゆえに長い目で見るならば、環境に対応し、歩みは遅くとも賢くなっていく。権力の生成と進化も同様である。少しずつ聡明に、かつ巧妙になっていく。それは難しい歴史理論や格別な〇〇史観などを援用するまでもない、理に適《かな》った想定であろう。

明治政府のV字回復天皇論　わたしは先に『武士から王へ』（ちくま新書、二〇〇七年）という著作を世に問い、在地の武士の組織が学びながら成長し、やがて王権を構築するに至る、と説いた。それなりに納得して下さった方がいる一方で、厳しい批判もうけた。そうした方々の意見をうかがううちに、ある共通点が見出せるように思えた。彼らは古代以来の天皇権力に高い評価を与え、天皇と朝廷による整合的な行政の実現を発想の前提とする。天皇が日本の厳然たる王であることに疑いを持たない。そのために、身分卑しく教養に乏しい武士が王権を樹立すると説くと、果たしてそのレベルに達しているのか？　と首を傾げるのだ。

民のかまどは賑わっているか、と慈愛を示す天皇。精緻な律令に従って粛々と支配の実を挙げる朝廷。遥《はる》か昔の日本にはよく機能する統治があった。中国古代の聖天子、堯《ぎょう》舜《しゅん》を仰ぎ見るように過去に想いを馳せるそうした眼差しは、どこまで有効なのだろうか。わたしは疑問をもたずに居られない。根拠は様々あるが、取り敢えず、右の人口の変遷だけですでに十分である。人口は次第に増加した。それに伴い権力もだんだんと発達した。微増であっても、右肩上がり。それが基本のはずなのだ。天皇の周辺には、麗《うるわ》しい君臣のやりとりや仁愛に満ちた支配があったかも知れない。けれどもその範囲はきわめて狭隘《きょうあい》であって、ならしてみれば民衆が受容し得た行政サービスは、中世に比べ粗末ではなかったか。

古代には天皇の治める秩序ある国家があり、中世は後醍醐天皇の中興を除けば野卑な武士が主導する乱れた時代である。近世では東夷が大政を壟断《ろうだん》するも、やがて栄える天皇の治世、明治維新を迎える。天皇が君臨する輝かしい古代から一度は降下して暗黒の中世の試練に耐え、漸く上昇した地点に天皇を奉戴する近代国家が樹立される。

右肩上がりではなくして「上↓下↓上」のＶ字の運動を示す図式は、明治日本が遭遇した古い西洋史学のモデル、「栄光のギリシャ・ローマ↓暗黒の中世↓再び光り射すルネッサンス」に等しい。あるいは明治政府は、自己に都合の良い欧州の歴史解釈を積極的に取り込んだのだろうか。万世一系を日本のアイデンティティとして内外に喧伝《けんでん》したことと相俟《あいま》って、敬意に満ちた天皇への視座は堅固に形成されてゆき、それは現代のわたしたちの意識にまで影響を及ぼしている。

Ⅱ　権力は徹頭徹尾、受け身である

当事者が動かなければ始まらない　「耳ヲキリ、鼻ヲソギ」。地頭が住民を責め苛《さいな》んだことで有名な紀伊国阿弖川荘《あてがわのしょう》の領有をめぐり、鎌倉時代中期、当時としてはありきたりな地頭と荘園領主の裁判が行われていた。ところが訴訟が長引くうちに、彼らにとっては当たり前であるのに、現代のわたしたちには驚愕すべき事態が生起する。地頭側が「文永五年四月二五日に制定された幕府法令」を自らの行為の拠《よ》り所として提出すると、荘園領主側はその法令がニセ物であると主張、法令の真偽が論争の焦点となるのである。

代表的な法制史家、笠松宏至が指摘する。裁判が行われていたのは第二の鎌倉幕府ともいうべき六波羅探題の法廷である。その場において、なぜ幕府法令の真偽が検討されねばならぬのか。判事も検事も弁護士も、現在の司法関係者はみな法律に精通し、法解釈をめぐって争い、判決を形成する。一度出た判決は保存され、判例として後の裁判に強く影響する。ところが中世では、裁定者が法それ自体を知らない。どのような法令がいつ出され、それが他の法令といかなる連関を有するか、そうしたデータをもっていない。判決は記憶も記録もされなかったから、他の案件と矛盾する裁定が下されることもしばしばあったはずだ。

地頭は堂々と主張する。こうして法令を探し出し、証拠として提出することは「裁判の習い」なのだ、と。これこそが中世の「当事者主義」の好例である。自らの権利は自らが守らなければならない。有利な証拠は自力で探し出す。適当な法が見つからなければ、偽造する手すらある。権力は能動的には動かない。動くための準備もしていない。相応の礼を準備して依頼しなければ、何もしてくれない。そう考えた方が実情に近い。

時代は下り、室町時代中期。隼人正《はやとのかみ》の職にある下級官人の中原康富《やすとみ》は、政務全般を管掌する幕府管領《かんれい》、細川満元に訴え出た。大住荘の内にある隼人司《はやとのつかさ》領の地が、寿阿弥という人物に不法に占拠されたのである。満元はこれを取りあげ、管領の指揮系統に属する幕府政所《まんどころ》の奉行人《ぶぎょうにん》二名を割り振り、裁判を開始させた。原告は康富、被告は寿阿弥。原告側の奉行（本奉行という）は松田直頼《なおより》、被告側の奉行（相《あい》奉行）は治部《じぶ》宗秀《むねひで》であった。

奉行二人は奉書《ほうしょ》（ここでは将軍の意向を承った文書。詳しくは第3章で）を作成し、寿阿弥よ、早く出廷せよ、と被告の寿阿弥に呼びかける。

隼人正康富申す、山城国大住庄の隼人司領のうち、名主職《みょうしゅしき》森林跡の六名余りのこと、早く出対せらるべきの由候なり、よって執達すること件の如し、

十二月五日

直頼（花押）

宗秀（花押）

寿阿弥陀仏

中世史を勉強すればいやというほど目にする、何の変哲もない奉行人が連署する奉書である。だが、これは具体的にはどのようにして作成され、寿阿弥のもとへ届けられるのだろうか。裁判を担当する直頼と宗秀が勤め先である政所で書いて、下役にでも持って行かせるのだろう。ほかにどんなケースが考えられる？

とんでもない。さきほど述べたように、中世は「当事者主義」の世の中である。奉行人は能動的には働かないのだ。康富はたまたま日記にこの一件を記しており、幸運にもそのことが実証できる。

全ては原告＝康富その人が進行する。先ず彼は、担当の奉行人である松田直頼の家へ出向き、証拠文書一式を提出して文書作成を依頼する。これに応えた直頼は右のシンプルな奉書を認《したた》めるが、宗秀はいまだ内容を知らず、彼の署判はない。そこで康富は直頼

のみが署判した文書を相奉行である宗秀の家へ持参し、事情を説明して文書を見せ、署判を書き加えてもらう。これで右の奉書が完成した。すると今度は、康富は寿阿弥のもとを訪ね、文書を手渡す。かくて寿阿弥は、自身が被告の立場に立たされたと知る。

手はずを整えるのは康富である。一般化するなら、裁判を起こして利益を得ることが期待される者。彼が裁判を進めるのであり、もし途中で飽きたり投げ出したら、裁判はそこで終了する。勝訴につながる証拠はすべて、利益を得たい者が集める。幕府の奉行人は基本的には何もしてくれない。もちろん、豪華な贈答は効果的だろうが。当事者がすべて。そう言い切って過言ではないのが中世である。権力は徹頭徹尾、受け身なのだ。

殺されるのも自由だから　もう一つ、例を挙げる。鎌倉新仏教の幕を開ける法然房源空、則ち専修念仏で有名な法然は、美作《みまさか》国の有力な武家の生まれであった。彼の父、漆間時《うるまとき》国《くに》は稲岡荘の押領使《おうりょうし》（荘園に置かれた役職の一つ。治安維持を担う）であったが、家柄を誇って同荘の預所《あずかりどころ》（荘園の現地責任者）、明石定明《あかしさだあき》を侮る態度を取った。誇りを傷つけられた定明は一一四一（永治元）年春、夜襲を仕掛けて時国殺害に成功する。瞬時に父を喪い、無常を痛感した九歳の勢至丸《せいしまる》少年は武士の家を出、仏に仕える道を選ぶのである。

さて、ここでは私戦が行われている。時国を狙った、大がかりな殺人と言い換えてもよかろう。現在なら当然処罰の対象となる。当時はどうか。もうすでにイメージしておられる通りである。そう、何も起こらない。鎌倉時代であれば、殺害人の逮捕を職掌とする幕府守護の介入もあり得るが、時は平安時代後期である。警察権力を行使する者は見あたらず、殺人事件として立件されることもない。あとは被害者側が敵討ちの挙に出るか否かであり、賢明な勢至丸は、殺し合いの輪廻からいち早く解脱したのであった。

鎌倉幕府は各国に守護を置き、殺害人の逮捕を三つの職務のうちの一つと規定した。ちなみに残り二つは、謀反人の逮捕と大番役《おおばんやく》の催促である。室町幕府の守護にもこの役割は継承されたが、これらはほとんど建前であった。守護は警察組織をもたなかったし、行政サービスの一環として重犯罪を取り締まっている事例は確認できない。在地領主や地域共同体が治安維持を担うケースは見られるが、わずかな盗みに死刑が適用されるなど、刑の運用は苛酷であることが常であった。一五〇〇年頃の和泉国の日根野《ひねの》荘では、あまりのひもじさから少量の蕨の粉を盗み食べた寡婦《かふ》の一家が、村民の合意により幼児に至るまで撲殺されている。これでは治安の保全かリンチの横行か、判別が難しい。

些細な事件をきっかけに小競り合いが起き、人が死ぬのは日常茶飯事であった。盗みが発覚すれば厳罰が待っていたから、物盗りの手段としての殺人も躊躇なく行われた。

自分の身は自分で守らねばならない。人は一日を生き抜くために、必死の思いだったのである。わたしたちはここにも当事者主義の存在を容易に指摘できるが、それはまさに下剋上・弱肉強食の様相を呈していた。あまりにも有名な中世史家、網野善彦は中世の自由を高らかに謳いあげたが、そこには奪う自由と奪われる自由、殺す自由と殺される自由、野垂れ死ぬ自由、そんなものすべてが確実に包含されていたのである。

「野放図な自由」よりも「取り敢えずの平和」を

なぜ中世は当事者主義か。それは行政側の働きかけが貧弱であることと即応している。国民一人ひとりを捕捉する国民国家の公権力に比べれば、中世の「お上」は微力という他はなく、能動的な対応は期待できなかった。税の取り立てにも不備は存したが、住民を守るサービスは話にならぬほど劣悪であった。権利も生活も、生命も財産も、自身の努力で保全する。争いが起きれば、自力で解決するしかない。人々は自力救済を旨として、懸命に生き抜いていく。

戦国時代の動乱を経由して、織田信長・豊臣秀吉・徳川家康は地域を統合する全国政権を成立せしめた。その後、状況は著しい変化を見せる。たとえば江戸の町で不審な死体が放置されていたとする。警察権力である町奉行所は誰に依頼されるまでもなく、自発的に捜査を開始するだろう。他殺と判明すると、早急な犯人の割り出しと逮捕が試みられた。すでに江戸を逃走していれば、各地に手配書が配布され、身柄の確保が図られた。捜査の最前線に立つ与力、「八丁堀の旦那」は江戸市中の女性のあいだで大変な人気を博したらしく、狂歌や川柳などにもしばしば取りあげられている。

斬り捨て御免などのことばが一人歩きし、武士は農民や町人に横暴に振る舞ったかのようだが、史実は全く異なる。たとえば旗本が町人を無礼討ちにした。中世であれば誰も咎《とが》めまい。だがこの旗本は、上司である目付に速やかに事件を報告する。届け出を怠れば、問答無用の厳罰が待っているからだ。目付は斬られた町人を管轄する町奉行所と連絡を取り、合同で取り調べを行う。加害者・被害者双方の言い分に耳を傾け、刀を抜いた必然性を吟味する。この時期の武士は人々の手本となるべく、「民を慈しめ、弱い者を労れ」と道徳性を強く要求されていたから、取り調べは厳しかった。被害者が子どもや老人であったら尚更であった。結果「何も斬らなくても」ということになろうものなら、その身は切腹、家は断絶。軽くても蟄居《ちっきょ》、閑職への左遷は免れなかった。

江戸時代は、武士であれ町人であれ、命が大切にされる時代であった。人は取り敢えず「殺される」危険を忘却できた。毎日を平穏に暮らせるようになったのだ。生きること自体が困難だった中世と、生きることは前提にできた近世と。この差は大きい。身を守るため費やした大量のエネルギーは、他の活動に振り向けられる。穏やかな日常を保証された町人の能力は急速に上昇する。識字率は高まり、趣味や遊びも生まれ、やがて町人文化が花開く。町人が時代の担い手として、歴史の表舞台に登場してくるのである。

網野善彦による中世の自由礼賛は、わたしはあまりに一面的であると感じる。人々は弱肉強食と隣接する「野放図な自由」をいったん放棄し、規制はたくさんあるものの、「取り敢えずの平和」を入手した。「平和」。それこそが「中世から近世へ」の移行のキーワードであった。先に指摘した一七世紀の人口爆発の原因も、ここに求められる。安心して生活する基盤が整備され、庶民にも将来の見通し・人生設計がもてるようになる。そうした状況をふまえて、人口はかつてないほど、劇的に増加したのだ。

Ⅲ　使えない律令による天皇の絶対権力とは

当時を生きる人々の目線で見る　再度「古代から中世へ」の推移を考えてみよう。一方で人口のわずかずつの増加を念頭に置き、一方で中世の根強い当事者主義に思いを致す。そうすると、中世より時を遡る古代にすでに、きめ細やかな行政なり統治が実現していたとは、わたしにはやはり認めがたい。人口と権力は相関する。人口が徐々に増えていくなら、権力もまた次第に成長していくのだろう。中世より若干人口が少ない古代には、中世より少し脆弱《ぜいじゃく》な権力しか存在せず、当事者主義はその社会にも貫かれていた。

ちなみに、わたしが考える「古代から中世へ」のキーワードを記しておくと、それは「地域」であろう。語を補うと「地域の生成」となろうか。古代には強力な地方・地域の権力が構築されていない。中世に入ると、その地に根ざした権力体が生まれ、成熟していく。またそれに伴い、地域に特有の文化も徐々に形成される。奥州平泉の政権や、初期の鎌倉幕府などはその好例といえるだろう。やがて時間の推移は、地域の王である戦国大名を生み育てていく。

話を戻し、日本文学の最高峰『源氏物語』を例にとる。この作品は朝廷の女房たちの、華やかな生活空間に誕生した。それを楽しめたのは一握りの知識人層であって、圧倒的多数の平安人は関係をもたなかった。生きることに追われる庶民にしてみれば、「『源氏物語』はあなたの時代を代表する文学作品ですね」といった後世の評価に接しても、「それはいったい何ですか?」とキツネにつままれたように訊ね返すしかなかったろう。

日本の家屋を見てみると、大きく二つの系統に分けることができるという。一つは床をもつ家。一つは床をもたず、土間を基本とする家。前者はやがて床の部分に畳を敷くようになり、日本家屋の原型を形成する。江戸時代、豊かな階層はこちらの型の家に住んだ。都市部では貧しい人々も、狭くはあったが床を張る長屋形式の空間に生活していた。一方の農村部では、人々は後者に居住していた。冬の寒さは辛かったろうに、それは前者の影響を受けることなく、明治維新を迎えるまで一貫して床を設けなかった。

この事例は何を示唆するかというと、情報が偏在し、かつ経済的に決定的な格差が存在した前近代社会においては、複数の異質の集合の併存が可能であったということである。現在のように情報が広く共有される民主的な社会にあっては、人々は互いに影響し合い、閉鎖された空間が放置されることはあまりない。自由競争が生む差異に注目が集まることはあるにせよ、機会の均等は一応は担保されており、人は同一の時間のもとで生活を営んでいる。だが、近代化以前には、情報を得られぬ閉ざされた空間、他に対して閉鎖された集団が並立していた。情報の伝播は限定的で、基本的な事柄すら、たとえば天皇の存在すらを全く知らずに一生を送る多くの人がいた。しかも彼らは、知を常に獲得し時には意図的に独占する特権的な集団に対し、効果的な働きかけを為すすべをもたなかった。この意味において、『源氏物語』は社会に対して特異な存在であった、との評価も十分に成り立つ。

当時を生きる人々の目線でものを見る。彼らの「生の身体」を通じて考える。そうした発想を忘れては、後世のわたしたちはとんでもない誤認に行き着くおそれがある。わたしたちにとっての輝ける『源氏物語』は、時代を代表していないかもしれない。多くの平安人にとって、無縁の作品であったから。朝廷の外部に位置する「しもじも」からはいかなる情報も伝わらず、何らの影響も及ばない。彼らから遠く隔たった、高貴で特異な空間が育んだ結晶でもあるのだ。

幻の輝ける古代　そこで改めて考えたい。輝ける古代、輝ける天皇の統治。これも、そうした性格のものではなかったか。いや、文学作品はそれ自体として完結しているから、大多数の平安人に知られていないにせよ、『源氏物語』の価値が損なわれることは微塵もない。だが、統治はあくまで「その他大勢」に向けられる行為である。声なき人々を対象としている。古代社会の人々と無縁な統治とは則ち、名ばかりで実のないそれであり、かたちばかりで無意味なものとの厳しい評価を下さざるを得ない。

ここまで論を進めたところで、いよいよ律令というまことに厄介な代物を例に取ってみよう。中世は権門《けんもん》体制（わたしはそう認識することに反対であるが。詳しくは第4章で）、近世は幕藩体制と呼ばれる。これに呼応し、古代は律令制の時代とまとめられる。古代社会を規定するものとして、中国大陸に学んだ法体系である律令が想定されるのだ。

さて、この律令だが、なにしろ精緻であり、難解である。はるか後世にまとめられた鎌倉幕府の御成敗式目五一条に比べると、質量ともにけた違いである。鎌倉・室町幕府の武家出身の吏僚たちでは歯が立つまい。運用はおろか、読解すらもままならないだろう。それなのに古代では、行政は本当に律令に則して整然と進められたのだろうか。もしそうであれば考え直し、再び「輝ける古代」を思い描く可能性を追求すべきだろう。

だが、おそらくそれは杞憂である。そう推測する第一の根拠は、律令の大原則、「公地公民」のいち早い瓦解である。「公地公民」とはすべての土地とすべての民が天皇に帰属することを説くもので、私有の権限は認められていなかったという。ところが七〇一（大宝元）年の大宝律令発布から四二年後の七四三（天平一五）年、墾田永年私財法の制定により、私有は広く容認された。基幹となるルールは根底から覆っているのだ。

加えて、令外官《りょうげのかん》の設置がある。詳しくは第2章に述べるが、律令が定める官職は実務に適応しなかった。ために朝廷は、多くの律令規定外の官職、令外官を設けた。令外官は本来の官職を補助したのではない。むしろ朝務の中核を担った。もう一つ、実用性を著しく欠いたのは、行政文書である（詳細は第3章）。律令は二一種類もの文書の様式を事細かに定めたが、実際には役立たず、瞬く間に一七種類が廃棄された。有用で定着したものは二一あるうち、わずかに四。この数字はたいへんに示唆的であるように思う。

わたしは先の『武士から王へ』において、事物は「こうあるべきである」当為(Sollen)と、実際には「こうなっている」実情(Sein)とを分かち考えてはどうか、と提案した。たとえば「日本人はみな平等であるべきだ」と唱えれば、正面切って反対する人はごく少数だろう。だが現実を見つめれば、生活の格差は最近とみに顕著である。生まれながらにして豊かな人もいれば、働いても働いても困窮する一方の人もある。

日々の生活に追いまくられる人に地球への優しさを説いても、価格の高い再生紙を使う余裕などない、と一蹴されるかもしれない。貧しい国々への寄附の有為を強調しても、自分の子どもで手一杯、と拒絶されるかもしれない。実情を疎かにしては、呼びかけは説得力を失い、学問も現実から遊離する。しかしながら一方で、当為もまた不可欠である。「かくあるべし」という理念を等閑《なおざり》にしては、人は進路を見失う。恵まれた環境にある他者を羨むばかりでは、精神は荒《すさ》み、生きていく活力は生まれない。

身体論を援用すれば、身体の働きを通じ、体得するのが実情。頭脳で考え、産出した概念が当為。そうした定義も可能だろう。

（Ａ）「当為」―「概念」

（Ｂ）「実情」―「身体」

の二つを定立し、歴史認識に援用するなら、律令とはまさに（Ａ）の塊りではないか。

天皇＝頭で考えた王とすると　優秀な人々が「かくあるべきだ」との理念を以て、身命すら賭して中国大陸に学び、日本に移植したにも拘わらず、律令は天皇と朝廷が直面する「このようにある」実情に適合しなかった。それゆえ修整を施さなければ、とうてい実用に耐えなかった。それぞれの社会は歴史も伝統も発展段階も異なるのであるから、それは仕方のないことだったのであるが。

律令は廃棄されることはもちろん、改変されることもなかった。それは形式的には、明治維新に至るまで、国制を規定しつづけたのである。そこで古代後期から中世前期の法曹家たちは、しばしば「准的《じゅんてき》（なぞらえる）」とか「折中《せっちゅう》」という語を用いながら、律令を実情に折り合わせようと懸命に努力している。中世史の碩学、佐藤進一に学び、実例を挙げてみよう。

①律令（養老戸令応分条）は説く。「いったん僧になった者が妻を娶《めと》ることは違法であるが、妻帯した僧が死去した場合には、その遺産は妻子に与えるべし」。一度僧になっ

たら、その後還俗しても基本的には妻帯は認められないのがルールだが、それを無視して妻帯してしまった僧については、死去した時点においてのみ、やむなくではあっても認める。それが律令の立場である。ところがこの律令を読みかえて、僧が還俗して俗人に戻ったケースでも、妻帯を認めようという解釈が現れる。「僧だった者を夫とすることを許すべきか、否かのこと。……律令（右の戸令応分条）の文章に『准的』して、許すべきである。そう先人は判断している」（鎌倉時代中期の「明法条々勘録」）。もう一度くり返すと、いったん戒律を授かって僧になった者は、いかなる事情があろうと妻帯してはいけない。それが仏教の基本原則である。だが僧が妻帯することは広く行われていたようで、原則は軽視されていた。そこで法の側が、現実に歩み寄っているのである。

②律令（戸令）は寡婦が養子を迎えることを認可していない。だが、「明法条々勘録」は説く。「僧や尼は弟子をとっている。これに準拠するならば、養子を認めてもよいだろう。これこそは『折中』の法である」。律令の法文と現実とが折り合える落としどころを探る。それが折中であった。

准的も折中も律令と現実の「中をとる」意味である。そうした振る舞いは実のところ、当時の社会状況や道理の観念、則ち実情を重視して、律令の法意をほとんど改めていることが少なくない。ここでは律令は現実と乖離《かいり》した法、尊重すべきだが、そのままでは使えない形骸化した法として捉えられている。実情とかけ離れた、当為の法なのである。

そこで改めて考えてみたい。律令をそう定義するならば、「当為の律令」に規定される古代とは、これもまた「当為が優先される時代」なのではないか。そう認識して良いのなら、これまでずっと疑問であった、「人口の漸増」と「輝ける古代」との矛盾は、あっけなく解消される。輝ける古代の像は、後世の人間の頭脳が考える当為にすぎぬのである。対して、わずかながらも右肩上がりの人口、それに表象される中世より少し小さな権力としての古代国家像、それこそが実情なのである。

しかのみならず、本書にとって決定的な仮説もここに定立される。律令を根拠として絶対化される王＝天皇の本質は、「かくあるべき」王、概念の王であり、当為の王なのではなかろうか。「公地公民」の中心に位置し、すべての土地とすべての民を統べる王。仁慈をもって民を治める王。そうした姿は頭脳が創作した当為であって実情ではない。この解釈ならば、いまだ微弱な古代王権の首長への説明としてふさわしい。

「天皇＝当為の王」。この視角をわたしは大切にしてみたい。それによりいかなる新鮮な天皇像を描き出すことができるだろう。以下に考察を進めていくことにしよう。

第2章　位階と官職の淘汰と形骸化

Ⅰ　律令にない官職こそ重職ばかり

『平家物語』も読めない官位相当表　貴族の序列について述べておきたい。貴族の昇進をあとづけた『公卿補任《くぎょうぶにん》データベース』を作成しながら獲得した知見を基礎としているので、他の研究者の解説とは一味違うと自負している。

さて、貴族たちはみな必ず、肩書きを有していた。それは従二位などの「位階」と、大納言などの「官職」が組み合わされて成り立っていた。たとえば「従二位大納言藤原兼実」の如くである。位階と官職を併せて官位と称するが、それは律令制の成立から明治維新（名誉としてはその後も）にまで、一〇〇〇年の長きにわたって、かたちを変えながらも維持された。鎌倉時代からは武士が政治に深く携わるようになるが、彼らは朝廷の官位の体系を用いて、これに代わるものを作ろうとはしなかった。日本の歴史や文学を学ぶときにはどうしても必要になる知識であるので、分かりやすさに心がけて説明しよう。

位階は上は一位から下は八位まである。一位から三位までは「正《しょう》・従《じゅ》」の区分がある。上位から順に記すと、正一位、従一位、正二位、従二位、正三位《しょうさんみ》、従三位《じゅさんみ》、となるわけである。四位以下には「正・従」の区分に「上・下」が加わる。四位であれば上から、正四位上《しょうしいのじょう》、正四位下、従四位上、従四位下となり、その下が正五位上となる。

位階を二つに区切るとすれば、五位以上と、六位以下とに分けられる。五位以上であれば内裏の殿舎に昇る資格を得る。そこで、五位以上を殿舎の上に座を占める人、との意味を込めて「殿上人《てんじょうびと》」と呼ぶ。六位以下の人は殿舎に上がることを許されないから、地べたに畏まらねばならない。ために地にいるべき人、「地下人《じげびと》」という。

父が地下人である人はいかに才能があろうと、財産を築こうと、殿上人になれぬのが慣例である。彼は官歴を地下人として終始する。五位と六位の差はきわめて大きい。また、殿上人の中でも一位から三位までをとくに「公卿《くぎょう》」と呼ぶ。公卿に列することは、一流の貴族である証しといえようか。

貴族は一五歳ほどで元服するが、成人になると直ちに位階を与えられる。公卿と殿上人の子であれば、殿上人としてもっとも低い官位である「従五位下」から始める。これを叙爵という。殿上人の子弟は地下を経験せず、初めから殿舎の上に位置を占めるのだ。彼はこののち公務に励み、功績を挙げて次第に階を上げていく。失態を犯しても、位階が下がったり、剝奪されることはなかった。位階が上昇すると、重要な官職に任じられる。現代のビジネスマンが係長から課長、次長、部長へと昇進していくのと同様である。現役を引退すると、官職は返上するが、位階は元のままである。出家するか、亡くなったときにのみ、貴族は位階の拘束から解放される。

位階と官職とは、原則的に対応している。古語辞典や歴史辞典の類は、付録として律令が定める「官位相当表」を収める。誰しも一度は目にしているだろう。たとえば『延喜式』（九二七年成立）が定める大納言の相当位階は正三位、中納言だと従三位ということになる。従五位下の大納言や正二位の少納言、ということはあり得ないのだ。

ただし、時代が下るにつれて、官位の相関関係には変化が生じる。位階には定数がない。それに対し、官職にはおおよその定員が設けられている。そのために、官職の価値が一定の上昇を示すのだ。鎌倉時代であれば、本来は正三位相当であった大納言は従一位か正二位。従三位の中納言が正二位か従二位に対応するようになる。『平家物語』を読むには、先の「官位相当表」はもうすでに役に立たない。

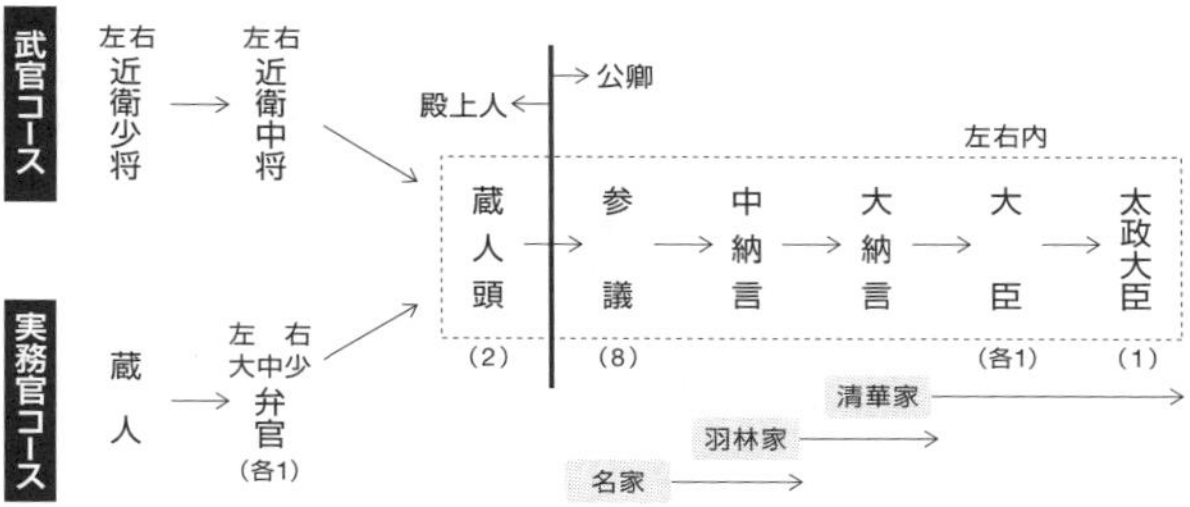

図2　二つのコースがあった貴族の昇進

出世が見込める「武官コース」　貴族の昇進の典型的なルートはおおよそ二つあった。より高い地位が望めるのは「武官コース」。叙爵した時点で侍従などに任じ、そこから近衛少将と近衛中将に任じる。近衛府は天皇の警護にあたる武門の官衙《かんが》（官庁）で、内裏の門の警備や行幸（天皇の外出）の供奉《ぐぶ》を行う。ただし、弓を射る、刀を抜いて切り結ぶ、等の戦闘的な技能は必要ない。兵を指揮する軍事能力も求められない。それは武士の役割であって、近衛大将以下の高級官は、粛々と威儀を正していれば十分であった。

　近衛府の長官は近衛大将、次官が近衛中将と少将であり、それぞれに左右がある。日本では一貫して右より左の方が貴ばれるから、次官は上位者から左近中将、右近中将、左近少将、右近少将となる。定員は平安時代後期に、中将・少将とも左右各四名。鎌倉時代には相当数増員された。近衛中将からとくに選抜された人が蔵人頭《くろうどのとう》を兼ね、頭中《とうのちゅう》将《じょう》と呼ばれる。蔵人頭は天皇の秘書官である蔵人を統括し、定員二名。参議に欠員が生じたときは蔵人頭から補充する習いで、蔵人頭への任官は、ほどなくの確実な参議昇進を意味する。

参議から上位の官職は議政官と称され、朝廷の重要事を決する会議を構成する。現在の閣僚に比定できよう。参議は相当位階が四位であるから殿上人なのだが、特別に公卿として扱われる。定員が厳守され、八名。参議の上が中納言で、正（中納言とのみいう）・権《ごん》（権中納言という。権は訓読みにすると、かりの）がある。定員は決まっていないが、正・権で一〇名ほどだろうか。時代が下るにつれて増加する。さらにその上が大納言で、これも正・権がある。定員はやはり一〇名ほど。なお、同一の官職の中では先任が重んじられ、席次が定められた。上位者を上臈、下位者を下臈と呼んだ。

大納言の上位が大臣である。内大臣→右大臣→左大臣と昇進していき、最高位である太政大臣に至る。各一名。このほか天皇権力を代行する摂政・関白があり、天皇が女性・幼少時には摂政が、成人であれば関白が置かれる。太政大臣か左大臣がこれを兼ねることが多い。

大臣は名に「公」という尊称を付す。たとえば藤原兼実公の如し。大・中納言と参議は「卿」を付し、藤原定家卿などという。それゆえに中納言の徳川光圀（水戸黄門）を光圀公と呼ぶのは本来は誤っていて、光圀卿でなくてはならない。また、この「公」と「卿」をあわせ、「公卿」という称号が成立している。

官職は引退すると返上される。現役の貴族を「現任」と称し、現役を退いた人を「散官」と称する。軍部でいう予備役編入、それが現任からの引退である。散官の貴族は「前中納言」などと、自己の極官を肩書きとする。まれに現任に復帰する人もいた。

さて、右のコースは、侍従が本来は中務省《なかつかさ》の役職、中・少将は近衛府の役職、他は太政官の役職であり、古代の整然たる律令制から逸脱した組み合わせになっている。これは官職体系が虚飾を排し、使い勝手に基づいて運用され始めたことと表裏の関係にある。本当に必要とされる官職のみが残り、他の多くは淘汰され、形骸化していく。第１章でみた「実情」をふまえ、昇進コースが慣行として次第に形成されていった。「当為」の官職は名ばかりとなるのだ。

「当為から実情へ」という運動は、令外官を例としても指摘できる。律令どおりに官職を配置したところ、実際の政務がうまく運ばない。そこで朝廷は律令に定めのない官職を置き、朝政を行った。これが律令外の官職、令外官である。必要に迫られて置かれただけに、令外官は重職ばかりである。これまで言及したものでは、摂政と関白、内大臣、中納言、参議、蔵人、近衛府の諸職。以上がみな該当する。政務は明らかに「実情の官職」によって運営されていた。

注意深い読者は、気付かれたかも知れない。右の昇進コースには大・中納言はあるのに、少納言がない。近衛中将と少将があって大将が見あたらない。どうしたことか。説明すると、少納言は機能しない官職になり、早くに形骸化した。唯一の例外は後述する藤原信西《しんぜい》であり、後白河天皇の治世を現出した。一方、近衛大将は健在であった。左右各一名が任じられ、多くは大納言が兼ねている。こうした状態を兼帯といい、本来の官職を本官、兼ねる官職を兼官という。内大臣が空席になると大納言の誰かが昇進し、いよいよ「○○公」と呼ばれる貴人に列する。このとき、近衛大将を兼帯している人が優先された。席次は下位でも、先任の大納言たちを一挙に超越し得たのだ。そのため、近衛大将は武官職としては内実を失いながら、みなが兼帯を渇望する官であった。

経験がものをいう「実務官コース」　もう一つの昇進コースは「実務官コース」である。こちらを経る人は、様々な官職を経て経験を積み、なんとか五位の蔵人になる。それによって、昇進コースに乗るのである。五位蔵人は天皇の側近く仕える激務で、数名が任じられる。蔵人として労功を積むと、今度は弁官として昇進していく。弁官は大・中・少と左右があり、定員は各一名。ほかに権弁が一名いて七名から成っている。昇進する順番に下位から、右少弁→左少弁→右中弁→左中弁→右大弁→左大弁である。権弁は権右少弁だったり、権左中弁であったり、そのときの状況による。弁官は朝廷の行政・行事の実務を差配する重職である。ただし位階は高くなく、いまだ殿上人である。

中弁もしくは大弁を勤めるうち、蔵人頭への任用の機会が訪れる。弁と蔵人頭を兼ねるので、頭中将に対して頭弁と呼ばれる。中弁で蔵人頭に任じられたときは、大弁になるよりも参議への昇進を優先する。蔵人頭は先に述べたように定員二名。二名ともに頭弁のことも、二名ともに頭中将のこともある。一名ずつのこともある。

蔵人頭に補されたあとは、「武官コース」と同じである。参議になって公卿の仲間入りを果たし、中納言、大納言へと進む。ただし、「実務官コース」は出世が遅く、たいていは参議か中納言で引退する。鎌倉時代中期に姉小路顕朝《あねのこうじあきとも》という人が出て初めて大納言に昇り、これ以後、鎌倉時代を通じて十数名を数えた。大臣に進んだ初例は南北朝時代の吉田定房で、室町時代には内大臣が実務官コースの頂点になる。

実例を二つ紹介しよう。鎌倉時代の中期に、藤原兼仲《かねなか》という人がいた。この人は『勘《かん》仲記《ちゅうき》』という日記を残してくれていて、朝廷研究に資するところ大である。父の権中納言経光《つねみつ》は「実務官コース」で立身した人で、彼もまた若いときから様々な仕事をこなしている。とくに摂関家の近衛家に仕え、家政を取り仕切っている点が注目される。そうした実績を評価されて五位蔵人に任用されたのが四一歳。以下、弁官としても大過なく働き、四九歳で参議になって公卿の仲間入りを果たす。人生五〇年の四九歳だから、もはや人生まとめの時期である。それでも一応は権中納言に進み、五一歳で引退。亡き父にも面目が立つし、このコースを通った人としては大成功の宮仕え人生であった。

兼仲が仕えた近衛家の当主だと、どうか。近衛家は藤原氏きっての名門であるが、その昇進のスピードは凄まじい。鎌倉時代前期に『猪隈《いのくま》関白記』という日記を残した近衛家実は一二歳でデビューし、正五位下、右近少将となる。彼のような若様は通常の叙爵を経ないのだ。位階は一足飛びに進み、翌年一三歳で従三位。公卿となる。官職は右近中将。一九歳で蔵人頭と参議を飛び越えて権中納言。その後は太政大臣に上りつめ、摂政や関白にもなって朝廷の実力者となる。同じ権中納言で比較すると、兼仲は五一歳、ここで引退。家実は一九歳、ここからが本当の政敵との戦い。これだけ差があるのだ。

Ⅱ　なぜ中国の科挙を導入しなかったか

数代で没落する中国の士大夫　官人のありようを考察するなら、科挙の話を避けては通れない。科挙とは中国大陸で行われた、全国規模の官僚登用試験である。建前では、男性なら誰でも受験できる。合格すれば官吏に登用され、栄達が約束される。隋王朝で初めて実施され、各王朝に受け継がれて清朝末期まで生き延びた。その存在は周辺諸国に影響を与え、朝鮮半島の王朝やベトナムにも導入された。

隋とそれに続く唐においては、貴族たちが高い地位を独占しており、科挙は効果的には機能しなかったようだ。ところが北宋になると、軍閥の連合が生んだこの王朝がかえって文治を貴んだのは有名で、科挙の社会的な価値が急激に高まる。科挙を経由して政務に関与した新しい官僚たちは、皇帝の威光を背景に支配者階層、士大夫《したいふ》層を形成し、政治・社会・文化を動かしていった。各界のリーダーとして振る舞う前提として、科挙の合格が位置づけられたのである。

科挙には長い時間を通じて様々な改変が加えられているが、一応のスタイルを記しておこう。科挙を志す者は、子どものうちから猛勉強に励む。いくつかの試験に合格し、学校に所属もして、まずは科挙の予備試験である科試を受験する資格を取得する。これを得た者が秀才であり、この時点で既に多くがふるい落とされている。秀才になれば、地方の中級役人くらいには就職できたようだ。

秀才を集めて科試が行われる。合格する倍率は一〇〇倍ほどという。これに受かると挙士《きょし》の称号を得、いよいよ本番の科挙試験に臨む。科挙は、殿試、会試、郷試の三つから成り、初めに受けるのが郷試である。三年に一度、省都など各地方の統治府で行われる。郷試の合格者もまた一〇〇人に一人というから、秀才一万人につき、合格者はわずかに一人ということになろう。他に三〇〇〇人に一人というデータもあって、ともかく超難関だったことが分かる。

三〇〇〇人に一人の数字に依拠し、現在の日本に置き換えてみよう。一〇代の各学年の人口がほぼ一二〇万人。みながいっせいに科挙を受験して合格するのは四〇〇人。一方で実際の「お受験」の頂きに位置づけられる東京大学の募集人員が文理併せて約三〇〇〇人だから、全員が上位の成績で悠々と合格できることになる。こう数字を並べると、科挙の苛酷さがさらに身にしみる。合格者の平均年齢は三〇代後半ともいわれる。見事に郷試を突破した者は「挙人」の称号を得、中央の官僚への道が一挙に開かれる。

郷試の翌年に、都で会試が開かれる。各地から挙人が集まり受験する。この試験での成績により、実際の官職が割りふられた。また、会試の成績優秀者を集め、皇帝の御前で殿試が催される。これには不合格者はなく、成績優秀者を表彰しつつ、皇帝との紐帯を強める意味あいを有した。

だれでも受験可能とは謳っているが、後顧の憂いなく勉学に打ち込むためには相当な財産が必要になる。働かずに食べていけるだけの田畠、学者への謝礼や高価な書物の購入にあてる金品などである。そのため科挙に合格できる者は富裕層に限られていた。役職を保持し、土地を集積し、財産を築く。そうした富裕層こそが、士大夫層である。政治・経済のみならず、文化のリーダーでもあった彼らの動静は、『聊斎志異《りょうさいしい》』や『紅楼夢《こうろうむ》』など日本でも広く読まれる物語、それに各時代の説話集に活写されている。

彼らはグループとして、科挙を通じて再生産された。ただし、各々の家について見てみれば、貴族の家は王朝が継続する限り繁栄していくのに比べ、士大夫の家は数代で没落するのが常といわれた。祖父も父も子も孫も、と科挙に合格するのは至難だったのである。断然の「広き門」である東京大学ですら、親子三代という例は珍しい。科挙はもちろん、科試にも合格できぬ凡庸な当主がでれば、富家も一日にして没落する、という厳しい事態があり得た。この点が確実に、日本とは、全く異なっている。

官僚を叩き世襲に寛容な日本

日本には科挙が導入されなかった。なぜか。律令を移植する時点では、知識人層が確立しておらず、したくてもできなかった、というのが一つの有力な解釈であろう。ただ、それだけではないような気がして仕方がない。わたしが指摘したいのは、日本人の世襲への親和性である。天皇家をはじめ、日本人は世襲に寛容である。国会議員（加えて医者と芸能人）の多くが世襲であるが、あまり批判は聞こえない。一方で、困難な試験を突破したキャリア官僚へのバッシングは驚く程である。こうした現在の状況の根本が、科挙の不採用に重なるように思えてならない。

大宝律令が定めた、蔭位《おんい》の制度というものがある。高位者の子を父の位階に応じ、一定の位階に叙任する。高官層を再生産するうちに確固たる貴族層を形成し、皇家の藩屏《はんぺい》たらしめようとしたのだろうか。唐の制度に倣っているが、資格者の範囲は唐に比べて狭く、与えられる位階は高い。日本は高位の家が重視されているのだ。

この制度はやがて形骸化するが、法の趣旨はよく中世に伝わっている。顕職にある貴族は自身の引退と引き替えに、子弟を適当な官職に就けるのである。たとえば亀山上皇の寵臣に中御門経任《つねとう》という人物がいるが、彼は一二八三（弘安六）年に権大納言を辞任して、子息の為俊を右少弁に推している。普通これで終わりだが、経任の羽振りはたいしたもので二年後に権大納言に復帰。翌年に身を退くが、今度は嫡男の為方を蔵人頭から参議に進めている。権勢者がただでは辞めない見本であろうか。

外戚というあり方も、世襲を考える一助となる。天皇の妻の一族、母の一族を外戚といって重んじるが、彼らが政治的に大きな役割を果たしたのはもちろん日本だけではない。中国の後漢を例に取ってみよう。二五年に始まるこの王朝は、中国歴代王朝の中で、外戚がもっとも権力を振るったとされる。

第四代和帝が九歳で即位すると、和帝の父の第三代章帝の正妻、竇《とう》氏が皇太后となって政治を行った。皇太后の兄である竇憲は大将軍に任じられ、竇一族は外戚として強大な権力を行使する。和帝は成長するにつれてこれを疎ましく思うようになり、宦官の鄭衆と図って竇憲を自殺に追い込み、竇一族から政務の権を奪還した。外戚と宦官との政治抗争。これがこの後、幾度となく繰り返される。

第五代の殤帝《しょうてい》が二歳で死去すると、和帝皇后の鄧氏によって第六代の安帝《あんてい》が擁立された。政務は鄧氏、それに兄の鄧隲《とうしつ》が大将軍となって運営した。鄧兄妹は他の外戚に比べると評価が高い。学問に励み、生活は慎ましやかで、能動的に政治に取り組んだ。だが、成人した安帝はこれを憎むようになり、鄧皇太后が死去すると、鄧隲一族は粛清された。安帝の皇后は閻《えん》氏で、その一門も専横を振るった後に滅亡した。第八代の順帝の皇后は梁氏で、その兄の梁冀《りょうき》はとくに大きな勢威を誇った。自らは大将軍となり、妹を第一一代桓帝《かんてい》の皇后に立てるなど一族から三皇后・六貴人（妃の位）・二大将軍・七封侯を輩出した。けれどもその梁冀も宦官と連携した桓帝に誅殺され、一族三〇〇名は粛清されたのである。余計なことであるが、この政変で台頭した宦官の一人が曹騰《そうとう》で、彼が夏侯氏から迎えた養子が曹嵩《そうすう》、官僚として大成功した曹嵩の子が魏武、則ち曹操である。

中国の事例を羅列してみたが、注目すべきは、外戚政治の限定性である。皇帝の妻や母の地位を権力の淵源として、特定の一族が繁栄する。だがそれは長続きせず、激烈な揺り戻しが起きる。何らかの事件を契機として、後漢であれば皇太后の死が多いようだが、不遇であった群臣が一斉に立ち上がる。外戚の一族は失脚を免れず、みなが粛清されることもある。

ところが、日本では事情がまるで異なる。外戚が安定し、この地位自体が世襲されるのだ。天皇の外戚は藤原北家である。兄が勝つか弟が生き残るか、などの小さな権力争いはあるものの、それはいわゆる「コップの中の嵐」にすぎない。外戚の地位は道長流の藤原氏に独占され、誰もそれに異を唱えない。摂関政治を乗りこえるものとして院政が出現するが、摂政・関白は実権を失いながらも、後世まで置かれ続けた。藤原本家を失脚させよう、まして滅亡させようなどと画策した上皇は見あたらない。

武家であれば、北条政子の存在を権力の本源とした北条氏が該当する。代々の将軍の外戚になってはいないが、北条氏も長い期間、幼い将軍を擁して権力を世襲した。和田氏や三浦氏などの反乱はあったが、その優位は揺るがなかった。北条本家の外戚としては安達氏があり、北条時頼・貞時・高時は同氏の女性を母にもつ。北条義時と安達景盛に始まる両者の密接な結びつきは時代を通じて受け継がれ、幕府政治の中枢を形成した。

このように日本は、とくに朝廷は、なにしろ争いを好まない。皇位の簒奪《さんだつ》はないし、革命は起きない。宗教戦争もないし、外来の文化との衝突もない。このいわば「ぬるさ」が何に由来するのか、わたしは確答する用意がない。安定した気候風土はもちろん一因であろう。地政学的な要素も一因であろう。ユーラシア大陸の東の外れでさらに海中の孤島とあっては、好んで侵略してくる外敵がいなかったのだ。キリスト教やイスラム教など、激烈な一神教との出会いが遅かったのも一因なのだろうか。ともあれ、わが国では特権的な地位は穏やかに世襲されていく。まさに「金持ち喧嘩せず」である。

こうした風土に、科挙はなじまなかった。広く人材を登用する、という概念自体が根付かなかった。そのために朝廷は社会とは隔絶した政権となった。一般人は高い教養を積んでも、統治のスキルを習得しても、絶対に朝廷に参入できなかった。世襲を基本とする貴族だけが行政に関与し、官僚は育成されなかったのだ。官僚をもたない。この点は日本の天皇と朝廷のきわめて大きな特徴である。

Ⅲ　貴族の家格は政治をどう動かしたか

家の格に縛られる貴族の役割　朝廷は世襲を旨としており、貴族にしてみても、自分の将来はほとんど生まれによって決定された。もっとも明瞭な差異は先述したように地下人と殿上人のあいだに存在し、地下の家に生まれた者は殿上人になれなかった。殿上人も家の格に縛られていた。家格を超えて活躍することは至難であったし、家の格を引き上げることは貴族たちが忌み嫌う伝統の否定であったから、ほとんど不可能であった。

ここで、貴族の家格について説明しよう。貴族の家々は、厳密な家格によって分類される。名称自体は江戸時代のものであるが、便利なのでこれを用いると、家格は上から摂関家、清華《せいが》家、羽林《うりん》家の順で、一番下が名家《めいか》である。江戸時代になると清華家の下に大臣家が設定されるが、中世においては両者は同一のものと扱って良いだろう。

摂関家は名称の通り、摂政・関白に任じられる家である。摂関政治を現出した藤原本家の嫡流であり、藤原氏の代表である氏長者《うじのちょうじゃ》を務める。鎌倉時代初期、近衛、松殿《まつどの》、九条の三家が成立した。このうち、松殿家は木曾義仲と連携したために早々に没落する。近衛家では、鎌倉中期に兼平《かねひら》という傑出した人物が出て、別に鷹司《たかつかさ》家を立てた。九条家では承久の乱後に九条道家が勢威を振るった。嫡子教実《のりざね》が九条家を嗣いだほか、二男の良実《よしざね》が二条家を、末子実経《さねつね》が一条家を立てた。一条家は一時逼塞《ひっそく》して摂関家の実を失いかけたが、鎌倉末期に盛り返し、ここに五摂家が成立する。

五摂家の嫡子ともなると昇進はまことに早い。近衛家実の例に見たように近衛中将から蔵人頭・参議を経ずに、直に中納言に任じることが多く、このときわずか二〇歳前後である。その後は位人臣《くらいじんしん》を極めて、頃合いを見てさっさと引退する。「前関白太政大臣」の肩書きは、現職にいるのと同じくらい、政治的な発言権を有していた。

清華家は大臣家とも呼ばれるように、大臣になれる家である。有力な清華家の嫡子は近衛中将から蔵人頭を経ずに直に参議に任じている者が多い。二〇代前半で中納言くらいだろうか。大納言から大臣になるのだが、①内↓右↓左↓太政、と順々に昇進する家が清華家の中でも格が高い。②内→太政、と左右の大臣を経ないで、状況を見ながら太政大臣に任じるのがそれに次ぐ。③内大臣にだけなって引退するのが三番目である。

清華家は格別な権勢者を家祖とする。清華を代表し、当然①で昇進する三条・西園寺・徳大寺の三家はみな藤原公実《きんざね》という人物から出ている。彼は叔母に白河天皇の生母茂子、妹に鳥羽天皇の生母苡子《いし》をもつ。また娘は有名な待賢門院璋子《たいけんもんいんしょうし》で、崇徳《すとく》天皇と後白河天皇を産んでいる。上皇たちの院政の進展と深く関わった人であり、三条西実隆の如く「公〇」または「実〇」の名をもつ貴族は彼の子孫である。

①にあたるのは他に花山院《かざんいん》と大炊御門《おおいのみかど》があるが、平安時代末期の花山院忠雅、大炊御門経宗という有力者の子孫である。②もしくは③の家として土御門・久我《こが》・堀川などの家があるが、これらは村上源氏、内大臣源通親の子孫である。通親は鎌倉時代初めの実力者で、若年の後鳥羽天皇を補佐する立場にあった。

安定して大臣に昇る家は、鎌倉時代前期には成立している。武家に実権を奪われて目立った権勢者が登場しなくなると、清華家の新しい成立はなくなるのだ。ちなみに江戸時代には久我・三条・西園寺・徳大寺・花山院・大炊御門・今出川を「七家」、新しく成立した醍醐と広幡《ひろはた》を加えて「九清華」といった。今出川は西園寺の、醍醐は一条の分家。広幡は皇族から出ている。中世の貴族の家は、江戸末にまで伝わっていく。

羽林家は大納言もしくは中納言に昇る家である。羽林とは近衛府の次官である近衛中将・近衛少将の中国風の呼び方であり、「武官コース」を経由することに由来している。家祖は摂関家・清華家の庶子であることがほとんどで、その家独自の特徴を内外に提示しないと、数代後の没落が待っている。その意味で、常に厳しい立場に立たされている家々である。南朝の柱石である北畠親房を出した北畠家を例にすると、家祖は親房の曾祖父雅家で、清華家の中院《なかのいん》家庶子であった。彼の子息の師親は大覚寺統への献身と学問の精励を家の特徴として打ち出し、大納言に至る家格を確保している。

複数の主人を持つ実務官「名家」　昇進コースは以上すべてが「武官コース」である。他方、最後の名家だけは「実務官コース」をたどる。吉田・葉室《はむろ》・二条・坊城・中御門・勧修寺《かじゅうじ》などの家がこれにあたる。彼らは先ず権門に奉仕し、もろもろの雑事を執り行う経験を積む。権門とは具体的には女院や摂関家や清華家などであり、従者の礼を執ってその家の家司《けいし》に任じられる。つまり、彼らは天皇の他に、別の主人をもつのである。複数の権門に仕えることもあり、こうして複数の主人をもつことを「兼参《けんざん》」という。

江戸時代の武家社会においては主従制は厳密で、主人は複数の家来を従えるが、従者は一人の主人しかもたない。だが幕藩体制が安定する以前の主従制は、随分と違う様相を呈していた。まず主人であり従者であることは、双方の契約であった。そう考えた方が実情に近い。従者が期待はずれであるときに主人は従者を解雇する。逆に、奉公しても酬《むく》いてくれない主人なら、家来の方から縁を断ち切れた。また時代を遡ると、従者が複数の主人をもつことも珍しくなくなる。源頼朝の旗揚げに参加した加藤光員《みつかず》は伊勢国に多くの所領を得たが、その結果として伊勢大神宮の祭主家に仕えるようになった。また有力御家人として京都に駐留する内に、後鳥羽上皇にも親しく奉仕するようになる。光員は将軍と上皇と祭主、三人の主人に兼参していた。こうした事例がしばしば見受けられ、武士が兼参する前提としては貴族のそれが想定できる。

名家の人々は若年の頃から権勢者に従い、荘園の経営や裁判、各種行事の実現に向けて奔走した。いわば現場で鍛えられたのだ。その才覚への褒賞として、主人から各種の俸給を得、官位昇進の後援を受けた。やがて彼らの中からは、院政を推進する上皇に忠誠を誓い、その手足となって精励する者が現れる。彼らは清華家や羽林家の人々を差し置いて行政に携わり、朝政に不可欠な存在になり、一定の威勢すら振るうようになる。上流の貴族たちが面白かろうはずはなく、彼は元来○○家の家司にすぎなかったではないか、との陰口が囁《ささや》かれた。それでも名家の政治的台頭は衰えることはなかった。

政治家貴族・キャリア貴族・ノンキャリ官人　朝廷で政治的判断が形成されたり、行事が行われるときには、必ずその一件の責任者と実行役とが定められる。責任者を「上卿《しょうけい》」といい、現任の公卿から選ばれる。現在の閣僚である。実行役は弁官もしくは蔵人から選ばれる。こうした役は古くは「職事《しきじ》」、鎌倉時代中期であれば「奉行」と記される。つまり、朝廷の諸事は「上卿―職事（奉行）」の組み合わせで進められていくのである。

この点に鑑み、わたしは上卿を務める摂関家・清華家・羽林家の人々を「上流貴族」と呼びたい。これは近代で言えば行政官、政治家の役どころである。これに対して職事や奉行は実務を取り仕切る点で、いくぶん官僚的な振る舞いを見せている。かかる職務を遂行する名家の人々を「中級実務貴族」と呼んではいかがだろうか。

もう一つ。科挙を導入しなかった日本は、官僚が為すべき仕事を誰に割り振ったか。それをこなしたのは、殿上から排除された地下人であった。彼らとて先祖代々の家柄である。だが、官僚の不在は、彼らに事務処理を強いた。名家の人々の指揮のもと、朝廷の業務を支える。父祖の経験を継承し、遺漏なく公務をこなす。小槻・中原・清原氏などから成る六位以下の地下人を、わたしは官僚になぞらえ、「下級官人」と呼びたい。

律令が生んだゴンベさん　最後に余計なことを付け加える。藤原道長の「道長」は実名であるが、これを諱という。諱は「忌み名」であって、なるべく用いない。とくに目下の人が目上の人の諱を呼んだり、書いたりすることは、たいへんな失礼であった。この点に関しては、中国の習慣とよく似ている。諸葛亮は姓が諸葛、諱が亮、字が孔明である。主君の劉備が「亮よ」と話しかけるのは構わないのだが、彼の軍事指揮下にある将軍は「亮どの」とは言わない。公式の場では官職である「丞相」を用いるが、名前で呼びかけたいときは必ず「孔明どの」となるのだ。

貴族には字がないので、官職を呼称とする。「右大臣どの」「左大弁どの」の如くである。ただし、中納言のように複数いる場合は工夫が必要である。新任の中納言ならば「新中納言どの」、平氏の中納言が一人だけならば「平《へい》中納言どの」、兼官を帯びているときは「(検非違使《けびいし》) 別当どの」などと兼官の方で呼ぶ。

武士であれば、通称を用いて人を区別する。もっとも一般的なものは太郎、次郎、三郎……などの呼び方である。千葉の家の三郎だと千葉三郎。秩父の次男坊だと秩父次郎である。これで判別が難しいと、組み合わせが用いられる。次郎の第三子ならば次郎三郎、五郎の第二子ならば五郎次郎である。太郎の第一子は太郎太郎ではなく、又太郎とか孫太郎となる。さらにこれに加えて、官職が用いられる。

鎌倉時代の有力武士は、相当な金額を朝廷に支払って、官職を買得した。たとえば警察の高級幹部職、左衛門少尉《さえもんのじょう》が一〇〇貫文などの実例が残る。一貫は一〇万円ほどなので、既に形骸化して名誉だけになった左衛門少尉が一〇〇〇万円である。武士にとって官職は、自分という存在を内外にアピールするための一生ものの高い買い物であった。

官職を入手した者は「二階堂左衛門少尉どの」などと、通称ではなくて、官職で呼ばれる。さらにこれが子息にまで影響する。左衛門少尉の三男であれば、左衛門三郎と名乗る。父が肥後守で自身が二男であれば肥後次郎である。彼らがお金を貯めて然るべき官職を買えれば、父の官職のちからを借りた左衛門三郎を返上し、たとえば「二階堂馬《うまの》允《じょう》」などと名乗って自立をアピールする。

このように、武士の通称には官職が用いられた。それで時が経つうちに、朝廷とは無関係ながら、権兵衛や新左衛門など、官職を含み込んだ通称が多く用いられるようになる。また農民が太郎・次郎より複雑な名を欲するようになると、武士の名乗りが手本となる。官職に由来する名は、村落にも広まっていく。「長谷村のゴンベさん」が生まれるのだ。律令の当為は、広く人の名前に影響を与える結果となった。

第3章　時代が要請する行政と文書のかたち

I　あらゆる要求に応える訴訟

天皇よりもえらい上皇　藤原道長らが主導した朝政の枠組みを摂関政治と呼ぶ。天皇の妻として娘なり妹なりを送り込み、天皇の親族「外戚」として政治権力を掌握する。藤原北家道長流は代々外戚の地位を占め、この家の女性が生んだ皇子が連綿と皇位に就いた。藤原氏は摂政・関白に就任し、天皇の権限を代行した。皇権代行者を内覧ともいう。

中国の王朝でも、皇帝の外戚が権勢を振るった例を確認できる。有名なのは後漢であって、第2章でふれた。前漢にも高名な例がある。初代高祖と艱難《かんなん》を共にした呂《りょ》皇后とその一族、第八・九代を補佐した霍光《かくこう》とその一族などは大きな権力をもった。ただし、呂氏も霍氏も結局は一族誅殺《ちゅうさつ》の憂き目を見ている。日本のように外戚の地位までが世襲される、という例はない。ちなみに霍光は、匈奴《きょうど》との戦いで有名な青年武将、霍去病《きょへい》の異母弟にあたる。彼によって擁立された一九歳の宣帝は、政権を委《ゆだ》ねる旨の詔を発した。

帝への上奏はすべて霍光が「関《あずか》り白《もう》せ」と命じたのだが、これが日本の関白の名の語源である。また関白の異名である「博陸《はくりく》」は、霍光が博陸侯であったことに由来する。

摂関政治華やかなりし時期は、官職はシステムとして整然と機能していた。高い位階、高い官職は、政治的発言力を担保したのである。それゆえに権勢を求める貴族たちは、できるだけ長期にわたり、枢要な官職を占めようとした。藤原道長の四人の子息を例にとると、一〇六五（康平八）年には頼通が関白で七四歳、教通《のりみち》（頼通と同母）が左大臣で七〇歳、頼宗が右大臣で七三歳、能信《よしのぶ》（頼宗と同母）が権大納言で七一歳である。みな古稀を越える長寿で、競い合うように顕職に座している。こののち彼らは没するまで、引退しようとしなかった。

朝廷の意思の決定には、合議が重んじられた。現任の公卿である大臣たち、大・中納言、参議が紫宸殿の近衛の陣に招集され、「陣の議」と呼ばれる会議が催された。用意された議題について下位の者から発言していき、話し合いによって政策が決定された。天皇は臨席しなかったが、合議の結果は天皇に逐一報告された。

やがて摂関政治は、上皇による院政によってその座を奪われる。平安時代後期、強いリーダーシップを発揮した白河天皇は、皇位を降りて上皇（正式には太上天皇という）となっても朝政を主導し続けた。これが院政であって、天皇権限は天皇の母方に位置する摂関から、父系の上皇に移行した。

朝覲行幸《ちょうきんぎょうこう》という興味深い行事がある。これは天皇が父である上皇のもとを訪問する、上皇の居処への行幸である。このとき、廷臣たちが見守る中、礼を尽くして謙《へりくだ》るのを期待されたのは、上皇ではなく天皇であった。天皇の地位は公的なもので、親子関係は私的なものである。それゆえいかに父であろうと、上皇は天皇に敬意を表さねばならない。公私のけじめを重んじるならば、そうした考えも十分に成立するはずの場面であった。

武家の事例ではあるが、『吾妻鏡』は記す。源頼朝は公の式典において、幕府第一の宿老たる千葉常胤《つねたね》より子息の東胤頼《とうたねより》を上席に据えた。父より子を重んじるとは。武士たちは不満だったが、頼朝の姿勢は一貫していた。京都に親しんでいた胤頼は朝廷から賜った官位において常胤より上位である、というのが理由だったのだ。だが、上皇の周囲の人々も、頼朝の考えを採用しなかった。父である上皇が、公の場においても尊いのだ。

律令や伝統から自由な地位　天皇をすら跪《ひざまず》かせるもの。そうした存在は律令をはじめとする法令には、もちろん定められていない。皇位を退いた上皇は、なにものにも拘束されず、ほしいままに振る舞った。天皇の地位を十重二十重《とえはたえ》に取り巻く律令や伝統のしがらみから、一挙に解放されたかのようである。上皇の奔放な活動を支え、補佐するのは「お気に入り」の廷臣たち。法理を超えた至尊である上皇の院政のもとでは、律令が定めた高位の官職を帯びていたとしても、相応の発言力・影響力は得られなかった。

上皇の政務運営は位階・官職というシステムに基づくものではない。「縁」が取り結ぶ「主従関係」に準拠する。そう表現するのが妥当であろう。律令に淵源を求め得る「天皇―廷臣」ではなく、「主人としての上皇」と「従者たる側近」。上皇たちは自らの判断で廷臣を抜擢し、親密な主従関係を設定して重用する。たとえば中納言でありながら「夜の関白」と評された藤原顕隆《あきたか》。たとえば前少納言に過ぎぬ身で施政を主導した藤原信西。選ばれた彼らは官職とは関係なく、上皇から分与された権勢を行使した。

上皇との縁の強弱が、権力の中枢への距離を定めた。そのために貴族たちは、さほど官職に固執しなくなっていく。第2章で述べた如く、摂関家の人は官位を駆け上り、三〇歳あまりで現役を退いてしまう。これはさすがに極端であるが、清華以下の人も、父の官職に並べば事足れりとして引退する。家格を守れれば自己の責務は果たしたことになり、それで十分なのである。

院政期は上皇の権力があまりに大きく、はじめは制度が整備されなかった。上皇の意権限がどのように応答するのか、その経路が整合的に再建されるのである。社会の様々な問題に天皇のありように強く影響されながら、整えられていくことになる。上皇を中心とする政治システムは幕府のになると、やがて院政にもかげりが見え始め、上皇を中心とする政治システムは幕府のく、上皇の側が思うままに制度を改変し得たのである。だが、鎌倉幕府が力をもつよう向が何より優先され、厳然と定立された制度が上皇の権力のかたちに干渉することはな

上皇が訴訟をつかさどった　訴訟といえば現在では裁判を指すが、中世朝廷ではもう少し広くこの語が用いられた。上皇（天皇）のもとに多種多様な願いを届け判断を仰ぐこと、上皇（天皇）が朝廷の主としてこれに応答することを意味していた。官位を上げて欲しい。これだけの功績を挙げたので、領地を頂戴したい。隣りの荘園と境界を巡ってトラブルになったので、裁判を開いてくれないか。伝統ある本堂が破損したので、修理をお願いしたい。近傍の武士が暴れているので、鎮めて欲しい。等々。こうした要求が示され、上皇（天皇）が裁可する。それら全てを訴訟と呼んでいた。そのうちに「わたしに有利な裁定を」と請う現在の裁判にあたるものが訴訟の代表と目されるに至るのだが、ここではそうした朝廷訴訟全体の様子を具体的に見ていくことにしよう。

訴訟の頂点にあったのはここでも上皇であるが、上皇が複数いるときもあるし、ごく

限られた期間であるが天皇が実権を掌握しているときもある。天皇家の家長は一人だけで、その人が判断を下しているのだが、普通研究者の間では、そうした人を「治天《ちてん》の君《きみ》」と呼ぶ。たとえば承久の乱の前夜、天皇は仲恭天皇で上皇は後鳥羽、土御門、順徳と三人いるのだが、政務を覧《み》る人は後鳥羽上皇一人であり、彼が治天の君なのだ。

治天の君への請願は、もちろん口頭で安易に行えるものではない。下の者がおそるおそるお上に提出するかたちの文書を「解《げ》」というが、いかに自分の要求が正当であるかを主張した長文の「解」が作成され、これが蔵人・弁官のもとに提出される。朝廷訴訟は彼らへの訴の提起によって始まるのだ。蔵人と弁官は先に述べたように、平安時代には併せて職事と呼ばれた。鎌倉時代中期であれば、奉行の語が頻用されている。以下、両者を奉行と言うことにしよう。

訴えを受理した奉行はすみやかに、「解」を読み込み、要点をまとめて「奏事目録」（具体的には後に掲げる）を作成する。この文書を携えた奉行は、伝奏《てんそう》を通じて上皇の判断を仰ぐ。伝奏は蔵人よりさらに治天の君の側近くに仕えるいわば側近中の側近である。平安時代には女房がこの役割を担っていたのだが、鎌倉時代になると、厳密な政務の遂行を目指して、貴族の職責として成立した。

図3　朝廷の訴訟制度を支える仕組み

上皇は直ちに判断を下すこともある。分かった、それでは○○神社の修理を始めよう。その者に○○荘の西側三分の一を与えるように。その問題は武士が関わっているから、幕府に様子を尋ねなさい。

等々。その他に、とくに慎重な対応や熟慮を要する場合は、評定衆・文殿《ふどの》衆への諮問が指示されることもあった。

評定衆は上級貴族と中級実務貴族から選抜されて補され、衆知を集めて評議を尽くすことが期待されている。上級貴族中心の「陣の議」に代わる、合議組織である。文殿衆は史《し》・外記《げき》、それに京中で警察権力を行使する検非違使ら下級官人から構成される。従来の記録所を継承し、拡充した新しい合議組織である。個別具体的な事案について合議することが多かった。評定衆と文殿衆。二つの衆はともに上皇に直属する機関であり、上皇の諮問に応じ、随時意見を上申する。

二つの衆への諮問を経たのちに、上皇は最終的な判断を下す。こうしてみると、朝廷の訴訟制度を支えているのは、伝奏、弁官、蔵人、評定衆、文殿衆であるといえよう。上皇は訴訟に関与する者たちに「一、身分の高下に拘泥せずに、耳に入った訴訟はすぐに上皇に奏上いたします」などの三ヶ条の誓いを立てさせた（『勘仲記』弘安九〔一二八六〕年一二月二四日条）が、対象は具体的には伝奏以下の右の五者であった。彼らの訴訟への関わりを図にしたものが図3である。

評定衆と文殿衆の答申はたてまえは参考意見にすぎなかったが、実際には上皇の判断に多大な影響を与えた。彼らが果たす役割を、かりに「答申」の機能と呼んでおこう。図3ではこれを□で表した。また、弁官と蔵人の働きは—で表される。彼らは朝廷内外からの訴えを受け取り、訴訟当事者と答申機構と裁定者（上皇）のあいだの意思の疎通をつかさどる。奉行と上皇のあいだに立つのが伝奏であるが、これについては次に詳しく述べたい。

Ⅱ　上皇（天皇）の判断はどう下るのか

治天の君の指令を受ける奏事　奉行が治天の君に拝謁して指令を受けることを「奏事」と

いい、そのときに用いられる書式が「奏事目録」である。「院に参上して、これこれのことを奏した」という記事は貴族の日記に多く見受けられるが、その際に具体的にはどのような手順を踏むのか。彼らにとっては常識なのであろう、日記に明記されることがない。わたしが知る数少ない史料のうちもっとも古いのは、『建内記』の記事（正長元〔一四二八〕年九月二二日条）であり、これをもとにした以下の叙述は最新の史料読解の成果として、目下学界に報告しているところである。

「職事の奏事目録に、伝奏が治天の君の仰詞《おおせことば》を注《ちゅう》し付けて（①）職事に返す。職事、また案文を書く（②）。一通を伝奏のもとに送る。一通を御所へ進上す（③）。おのおの銘を加うべし。「目録案」となり（④）」

奏事目録は奉行の控えであって、意思の伝達が終了したあとは廃棄される性質のものである。朝廷の外部の者の手に渡ることがないので、偶然が作用しない限り後世には伝わらない。そのため、なかなか良い実例が見つからないのだが、室町時代後期の史料を載せてみたい。（漢文を読み下して表記する）

永禄九年正月十六日　　重通《しげみち》　奏す

祭主二位申す、造替の事、

同じく申す、神領の再興の事、
　同じく申す、荒木田信定の叙爵の事、

これが奏事目録である。重通は庭田《にわた》氏。蔵人頭で近衛中将、つまり頭中将であった。彼は伊勢神宮の最高位の神職である祭主の訴えを受理し、要点を必要最小限の形にまとめて目録を作成したのである。なお祭主の訴えは微細を説明した長大な「解」であったと推測されるが、この難解な文書が治天の君の目に触れることはない。

蔵人である重通は、奏事目録を伝奏に託す。伝奏は治天の君に懸案事項を伝え、指示を仰ぐ。治天の君の指示が「仰詞」であり、伝奏は目録に仰詞を書き入れていく（①）。

　永禄九年正月十六日　　重通　奏す
　　祭主二位申す、造替の事、
仰せ、申し沙汰すべし（よろしく取りはからいなさい）、
　同じく申す、神領の再興の事、
仰せ、武家《ぶけ》に仰せ合わさるべし（武家＝幕府に相談しなさい）、
　同じく申す、荒木田信定の叙爵の事、
仰せ、宣下せしむべし（宣下してあげなさい）、

蔵人重通は仰詞が書き入れられた右の目録の案文（＝写し）を作成し（2）、念のため治天の君の御所と伝奏に進上する（3）。案文には「目録案」と銘が書き記される（4）。銘とは目録の右上部分に、通常より小さな字で書き加えられる文書名のことである。

かくて奏事は完了した。治天の君の判断は仰詞として示達されたのである。さて、ここからは、この治天の君の意思をどのようにして伝達するか、という手続きとなる。いかなる形式の文書を作成するかが問題になるのだ。このうち、平安時代以来の、伝統的で格式高い書式が官宣旨《かんせんじ》である。全ての基本になる文書様式であるので、煩《はん》を厭《いと》わず作成の過程を示してみよう。

職事（奉行）は手元にある仰詞の記入された目録を上卿に伝える。上卿とは、先述したように職事の上司として設けられる職務であった。ここでは、日ごとに一人置かれている、政務担当の現任公卿を指す。彼はその日の政務の責任者なのである。また、訴えが記された「解」も一緒に伝えられる。

いま仮りに上卿は中納言の葉室頼房《よりふさ》としよう。重通は頼房に、礼を尽くして奏事内容を伝達する。このとき用いられる書式は厳密に定められているが、省略する。頼房は内容を吟味し、格段の問題がなければ自身が主体となって、治天の君の仰せを実行に移すべく命令を下す。命じる対象は弁官である。ここで用いられる尊大な書式（上卿から弁官宛て）も定められているが、これも省略する。

上卿の意を拝受した弁官は、史に命じ、添付された解文も参照しながら、いよいよ官宣旨を作成する。書き上げられた官宣旨は訴えの主体、ここでいえば伊勢の祭主にあてて発給される。

格調高いが単純明快な官宣旨　これを以て文書作成の一連の作業が終了するわけである。本当ならば右の事例から官宣旨を復元すべきだが、解文の内容がわからないので、それは不可能である。代わりに官宣旨の実例を次に示そう。

左弁官下　伊予国

応令従三位藤原朝臣綱子、任院庁御下文並相伝理、永領掌当国字弓削島庄事、

右、得綱子今月日奏状偁『謹検案内、諸国庄牧任相伝理令知行者例也、爰件庄者養母源氏相伝領掌所歴年序也、而去承安元年比、相副公験等、所譲渡綱子也、随則注子細歴院奏之処、同年七月廿七日、任彼譲状可令領掌之由、被成賜庁御下文畢、相伝子細具于件状、自然以降、彼此無異議令知行之間、去治承元年五月十五日夜、厳親前大納言藤原卿居処五条東洞院炎上之間、彼庄券契調度文書等皆以焼失、但於院庁御下文者、付庁底留案所書取也、凡件庄当時知行雖無相違、或為断向後之牢籠、或為備公験焼

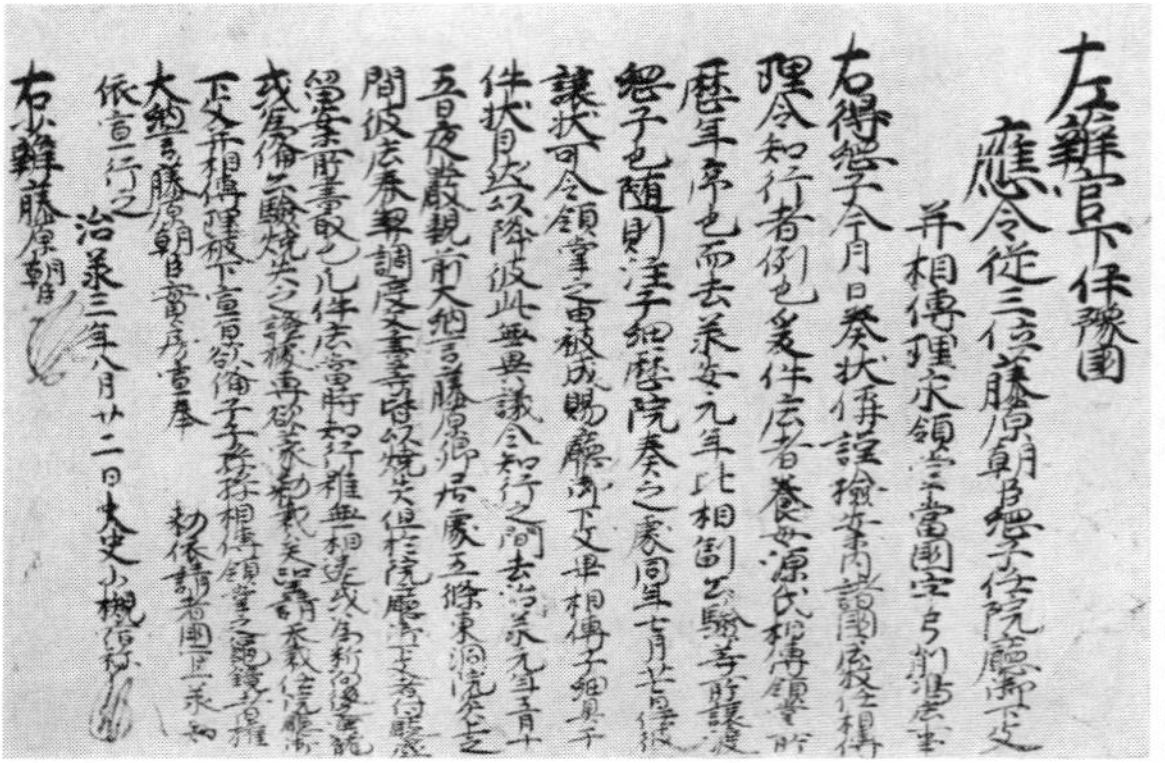

図4　官宣旨（東寺百合文書より。京都府所蔵）

失之証拠、専欲蒙勅裁矣、望請天裁、任院庁御下文並相伝理、被下宣旨、欲備子子孫孫相伝領掌之亀鏡』者、権大納言藤原朝臣実房宣、奉勅依請者、国宜承知依宣行之、

治承三年八月廿二日　　大史小槻宿禰（花押）

右少弁藤原朝臣（花押）

藤原綱子という高貴な女性が解文を捧げ、塩の生産で名高い伊予国弓削島《ゆげしま》（島全体が一つの荘園になっていた）の領有の確認を願い出た。それを許可した官宣旨である。難しそうだ、と敬遠しないで欲しい。『　』で括った部分は綱子が記した解文の文章であり、これを除くと官宣旨は実にシンプルになる。

左弁官が伊予国に下す

従三位《じゅさんみ》藤原綱子に、院庁の下文《くだしぶみ》と相伝の道理

に従って、長く支配させるべき、当国の弓削島庄のこと

右、綱子の今月　日の奏状には『どうか弓削島領有を認める宣旨を下さい』とあるので、権大納言藤原実房が宣す、勅を奉《うけたまわ》るに、請《こ》いに依《よ》れ、というので、国は宜《よろ》しく承知し、宣に依りて之を行え。（年月日、署判は省略）

綱子の解を参考資料として奏事が行われ、「請いに依れ」という簡明な仰詞が治天の君（このときは後白河上皇）から下された。職事は上卿である藤原実房に伝達し、実房は右少弁にこれを下して官宣旨が作成された。奏事にあたった職事の名は、この実例に明らかなように文書中には記されない。

これが朝廷の正式な行政文書、官宣旨である。治天の君の意思を格調高く示す文書であった。ところが、この文書は鎌倉時代には次第に用いられなくなっていく。その代わりに使われたのが綸旨《りんじ》、もしくは院宣《いんぜん》という、より簡便な形式の文書であった。

Ⅲ　変化していく朝廷の公文書

官宣旨から綸旨・院宣へ　身分の高い人はしもじもと直接ことばを交わさない。両者の間には必ず申次《もうしつぎ》という人が立ち、両者のコミュニケーションを取り持つ。「お上はこの

図5　身分の高い人との文書のやり取り

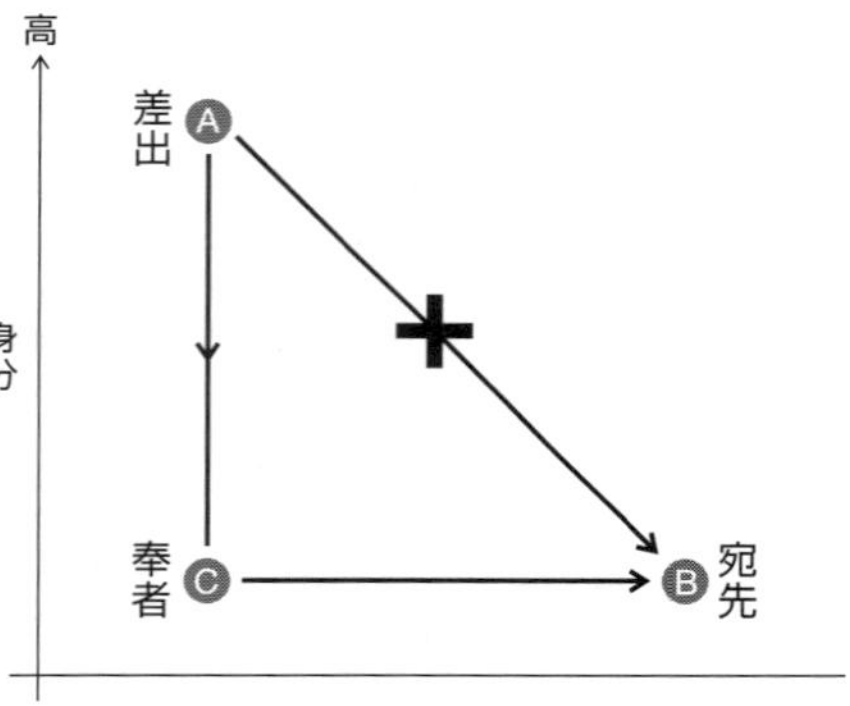

ように仰っているぞ」また、「お上、この者はしかじかと申しております」というやり取りがなされる。御簾《みす》の内などにあって姿を見せない貴人の耳に、下の者の声は十分に届いているはずなのだ。だが、あくまでも申次から聞く、という形式を整える。

文書のやり取りも同様である。AとBが文書を介して意思の疎通を図るとき、通常であれば手紙を書けばよい。当時の言葉でいう、書状である。ところが一方のAが貴人であるときには、書状は用いない。Aは直接にはBと文書を交わさない。ではどうするかというと、Aの従者であるCが取次人として立つ。Aの意思をCが承って、「A様がこのように仰せであるぞ」とBに宛てて文書が出される。

さてここで、Aが従者Cの名前で意思をBに下すとき、この文書を「奉書《ほうしょ》」という。

CがAの意思を奉じているからである。またCのことを意思を奉じる者、「奉者」という。つまり、奉書においては、宛先はB。差出は、形式的な差出人であるCと、真の差出人であるAがいることになる。なお、これに対して、書状のように差出人が一人である文書を「直状《じきじょう》」、差出人が直に出す文書、と呼ぶ。

奉書において、Aは貴人であるが、とくに三位以上の公卿であるとき、文書名は「御《み》教書《ぎょうしょ》」と呼ばれる。内大臣九条道家の御教書、の如きである。さらにAが天皇であれば、文書名は「綸旨」という。Aが上皇であれば「院宣」、Aが親王や女院であれば「令旨《りょうじ》」となる。後醍醐天皇の綸旨、後鳥羽上皇の院宣、護良《もりよし》親王の令旨、の如きである。

もう一度繰り返すと、天皇の意思を奉じる奉書が綸旨であり、上皇の意思を奉じる奉書が院宣である。治天の君が天皇の時は綸旨が出される。院政が行われて、治天の君が上皇であれば、院宣が作られる。そしてこの点が重要なのだが、鎌倉時代になるや、官宣旨はあまり発給されなくなり、綸旨と院宣が頻用《ひんよう》されるようになるのだ。

上級貴族ぬきでも出る

綸旨・院宣を整理していくと、明らかになることがある。それは奉者が蔵人と弁官、それに伝奏にほぼ限定されていることである。このうち、蔵人と伝奏は、治天の君への奏事を行っていた。また、史料にあたって調べてみると、弁官もまた蔵人のように、伝奏を介しての奏事の主体として活動しているのだ。弁官とは蔵人を大過なく務めた人が転身する職務であり、両者を職事＝奉行として把握することが可能である。奏事においても、両者は同じ機能を有している。

奏事を行った弁官と蔵人が、直ちにその時点で、文書を作る。自身が奉者となり、治天の君の意思を奉じた奉書を作成する。それが綸旨・院宣であったと定義できるだろう。奏事を完了した時点で、奉行は本来は、上卿に通達し報告する必要があった。それゆえに言葉を換えると、奏事を行った蔵人と弁官が、上卿の判断を省いて訴訟当事者に授与した奉書、それが綸旨であり、院宣であったことになる。

上卿が治天の君の意思を奉じて出す。これが官宣旨で、鎌倉時代には作成されなくなっていく。上卿ぬきで出される。これが綸旨・院宣で、多く用いられるようになる。かかる動向はいったい何を意味するのか。

上皇が政治の実権を掌握し、院政を開始すると、上皇とその周囲の有能な実務貴族によって朝廷が運営されるようになる。高位の官職に依拠する名門の貴族たちは、次第に発言力を失ってゆく。上皇の専制が貴族の合議を凌駕していくのだ。わたしの言葉でいえば、中級実務貴族の政治的地位の上昇と、上級貴族の伝統的権力の形骸化。二つの運動が密接な関連を保ちながら、鎌倉時代を通じて進行していく。

この政治の動向こそは、行政文書の変化と表裏の関係を成すものであろう。上卿はおもに上級貴族層から選出される。朝廷の意思を表現する文書が上卿の与り知らぬところで作成され、朝廷外の受取人に与えられる。外部に表明される朝廷の意思に、上卿は関われない。それは上級貴族の発言権の低下を、如実に物語っている。朝廷の意思は、中級実務貴族の補佐を受けながら、上皇が定めるのである。

伝奏を忘れてはならない。蔵人・弁官とともに綸旨・院宣の奉者になっている伝奏とは、どういった人々か。実はほとんどが蔵人・弁官の経験者なのであった。奉行を勤め上げて公卿の仲間入りをし、中納言あたりを目処として引退した、実務に熟練した人たち。治天の君はそうした人材の中から伝奏を選び出した。自らの補佐役にふさわしいと評価した人を、伝奏として側近くに置いたのである。彼らはかつては女房が占めていたような位置、上皇の私的空間に座して、補弼《ほひつ》の任にあたった。つまり側近の中の側近と評すべき彼らこそは、政務に練達した中級実務貴族の代表であった。

朝廷の訴訟文書は、官宣旨から綸旨・院宣へ、という変化を示す。それは朝廷の行政のあり方、ひとことで言えば上卿層の発言力の下降、という傾向と軌を一にするものであったのだ。

変化の本質は「はぶく」 朝廷の公文書の様式を定めた最古の規定は、律令制社会の根本法典である大宝律令であった。大宝・養老の二つの律令は二一種もの様式を掲げたが、その多くは実際の政治運営では使用されなかった。頻用されたものは先にも述べたように四種類に過ぎず、上から下に下す文書である「符《ふ》」、下から上に差し上げる「解」、上下関係のない二者が交わす（いわば「横」のやり取りである）「移《い》」と「牒《ちょう》」であった。

天皇の命令を伝達する正式な文書としては、詔勅という書式があった。ところがこの文書は、発布の手続きがきわめて煩瑣《はんさ》であった。中味は具体的に説明しないが、文書一通を作成するのにあまりに面倒なので、詔勅はすぐに用いられなくなる。まさに当為の律令がそのままでは実用に耐えなかったように。その代わりに使用されたのは太政官符（単に「官符」とも）で、上から下に下す「符」のかたちを有していた。

官符は官宣旨とほぼ同一の構造をとる。天皇の意思を上卿が宣する。それを受けて弁官と史とが文書の作成にあたる。ではどこに差異があるかというと、官印の有無である。たとえばある官符の原本を見てみると、「天皇御璽《ぎょじ》」と書かれた大きな正方形の朱印と、「太政官印」と書かれた少しこぶりな黒印が一面に捺されている。前者は内印《ないいん》、後者は外印《げいん》と呼ばれた。官符には必ずこうした官印を捺す決まりであった。印はただ役人が捺せば良い、という性格のものではなかった。「請印《しょういん》の儀」という厳密な儀式を執り行い、そこでおごそかに捺印された。こうして作成された文書は見た目も美しく、同時に複製が困難であった。けれども、やはり効率性を著しく欠いていた。

そこで摂関政治期になると、官印を必要としない官宣旨が用いられるようになる。当時の史料に「官符未到の間」、つまり官符が戴けないので、官宣旨を根拠の文書にします、という文言がしばしば見られる。官宣旨は官符のいわば代用品だったのである。

詔勅から官符へ。ついで官符から官宣旨へ。さらに官宣旨から綸旨・院宣へ。朝廷でもっとも重要な、天皇（上皇）の意思を表明する文書はかかる変遷をたどる。煩雑な文書発給の手続きは、次第に簡略になっていく。内容も長文の難解なものから、簡潔になっていく。こうしてみていくと、朝廷文書のキーワードとして、「はぶく」という一語がふさわしいのではないか。わたしはそう考え、いま学界に提案している。

手続き、内容だけではない。文書のあり方を規定する政務の運営も変化している。上級貴族の合議が敬遠される。上卿層への伝達を省略してしまって、中級実務貴族と上皇との連携のみで、政治判断が下される。この状況を併せ考えての、「はぶく」なのである。それは借りものの律令が日本の風土に合わせてシンプルになり、朝廷や社会に根を下ろしていくのと同様のトレンドを示している。当為はここでも、実情の求めに応じて、やむなく変容を迫られるのである。

最後に付言しておこう。源頼朝が始めた鎌倉幕府は、当時の朝廷の文書のありようを模倣して、幕府の文書システムを整えた。まず官宣旨（別名を「弁官下文《くだしぶみ》」といった）の形式に学んで、もっとも格式の高い「幕府下文」を発給した。この文書は不動産の授受に限定して、大切に用いられた。加えて綸旨・院宣の奉書形式を踏襲し、用途の広い「幕府御教書」を発給した。

鎌倉幕府の主要な文書は、下文・下知状《げちじょう》・御教書の三つである。このうち下知状は、下文から派生した、幕府で作られた文書であった。二つの様式を朝廷から移入し、その成果からもう一つを作成する。幕府は行政や文化事業など、様々なことで先行する朝廷のすがたを手本としたが、それは文書様式でも同様であった。それ故に、幕府の文書を表現するキーワードは、「まねる」こそが適当であろう。

第4章　武力の王の誕生を丁寧にたどる

Ⅰ　古代・近世へ連なる「権門」とは

あくまでも天皇と朝廷が国家の中心

なぜ鎌倉時代というのか。応答は容易い。将軍が鎌倉を本拠に活動したから、である。京都室町に将軍の屋敷があったので室町時代、江戸に幕府が置かれたので江戸時代。鎌倉時代も同様であろう。将軍と幕府の居処こそが日本の中心であり、鎌倉の動向は社会全体をリードしていたと考えられる。

明治時代から、途中に皇国史観全盛の時期を経験しながら、中世史は武士に重きを置いて認識され、研究されてきた。天皇と朝廷が古代において保有していた権能や権益を、将軍と幕府がどのように吸収し、自らのものとしたか。その過程を明らかにすることが、中世という時代について叙述することだとされた。

ところが一九六〇年代、こうした趨勢に根本的な疑義が呈された。天皇・朝廷勢力の再検討が提案されたのである。天皇・朝廷は単純に「古代的なもの」か。勃興する武士に否定されるべきもの、と決めつけてよいか。実は天皇や朝廷も、中世的な権力への進化を模索し、一定の、もしくは相当の達成を見ているのではないか。

王朝勢力への視座を転換し、従来の理解を厳しく問い直すところに誕生したのが、黒田俊雄が提唱する「権門体制論」であった。黒田はむしろ天皇と朝廷こそが、中世の国家体制の中枢に位置していたと考えた。その構想は一九七〇年頃には全貌が明らかになり、たちまち多くの研究者の注目を集めた。

権門体制論とはどのような歴史理論なのか。わたしはこれまでに何度か紹介を試みているので、本来ならば省略したいところである。だが本論は今なお多くの研究者の支持を得る有力な考え方であり、本書のテーマと深甚な関係を有する。いま一度、分かり易い説明を試みよう。なるべく黒田の発想に忠実でありたいので、彼自身による『国史大事典』（吉川弘文館）の項目執筆に依拠して叙述する。

権門体制とは、日本中世の国家体制を説明するための歴史学上の概念である。「権門」と称された有力な諸勢力が、対立競合しながらも相互補完の関係を保ちながら、天皇と朝廷を中心にして国家体制を構築していたと想定する。

ここでいう権門とは、まずは「王家＝天皇家」である。天皇と上皇、「〇〇門院」といわれる女院たち。彼女たちは天皇や上皇の寵愛（肉親、もしくは恋愛関係）を受け、膨大な所領を分与されていた。それから、朝廷に参仕する「公家《くげ》」。近衛家であるとか、西園寺家、北畠家など。ついで比叡山延暦寺や興福寺、石清水八幡宮などの「寺家（社家を含む）」。それに幕府を運営する「武家」をさす。

公家は古代以来の貴族である。寺家は天台宗と真言宗などの大寺院と、朝廷の尊崇厚い神社の勢力である。仏と神は本地垂迹《ほんちすいじゃく》の概念（神は仏の化身とする）を媒介として一体化していた。武家は将軍を核として御家人制を展開する。貴族に僧侶（神官を含む）に武士。彼らが天皇の下に結束して「支配層」を形成し、「相互補完」、お互いの弱点を補い合いながら民衆を支配し、日本の国を主導していた。これらの権門は政治・社会的に権勢を誇る門閥勢力であり、共通の財産基盤として多くの荘園を所持していた。

諸権門は職能を分担していた。公家は主として行政を、寺家は国家的な祭祀を、武家は軍事行動を受け持った。諸権門の利害が対立すると朝廷が調整役を務めた。天皇は王家の代表であり、諸権門の頂点に立つ国王としてときには形式上、ときには実際上の権力者であった。この意味で天皇と朝廷こそが、国家の中心に位置し、君臨していた。

権門体制は三段階に区分して考えることができる。第一は成立期で、上皇が政治を行った院政期。第二は幕府と朝廷が並び立っていた鎌倉期。第三は衰退期で、室町幕府が他の権門を事実上従属させ、公武が癒着融合状態になった室町期である。以上のように想定することにより、日本の国家体制は、

《律令体制→摂関政治期（過渡期）→権門体制→戦国期（過渡期）→幕藩体制》

と明快に整理することが可能になる。

以上が黒田の論述に準じた説明である。権門体制論は壮大な理論であって、「権門」概念は中世全体を貫き、古代・近世へ連なる。また従来は位置づけが不明瞭だった寺院・神社の勢力を、朝廷との脈絡の中で捉え直すことに成功した。黒田の考えでは、天台・真言の旧仏教こそが中世宗教の本流である。日本の神々は、仏の別のかたちとして、旧仏教に抱きとられている。鎌倉新仏教は、天台・真言宗の異端にすぎない。かかる仏教理解は、のちに「顕密体制」論として世に問われるに至る。

中世に国家と呼べるものがあったか　もちろん権門体制論を支持しない研究者もあった。戦後中世史を牽引した石井進はその一人であり、次のように批判する。黒田は明らかに「中世の国家体制」の存在を前提として理論を構築している。だが、中世に国家と呼べるものがあったとは必ずしもいえない。また「体制」という概念は、国家権力が統治す

る民衆を強く拘束するとき、初めて用いるべきである。領域内の全ての住民を国民として把握する「国民国家」にいたった段階で、支配の「体制」を改めて考察の課題にしてはどうか。

今も権門体制論は優勢である。同論の卓越は言うを俟たないが、その人気の理由は、研究者の能力不足、あるいは手抜きにも求められまいか。最近わたしはそう気がついた。特定の貴族の家や荘園を研究素材に選んだとしよう。苦心の末に新知見に到達したとして、次に待ちかまえるのは、せっかくの成果をどう一般化するか、という難題である。

中世は多様性を本質とする。その視点を保持する限り、各々の権門や荘園のありようは、直ちにはモデルケースに想定できない。全体の中での個別例の位置づけは、慎重に吟味する必要があるのだ。その結果の如何によっては、○○家では、○○荘ではしかじかの結果が得られた。けれどもそれは、この家、この荘園だけに見られる特異な事例にすぎない……。そのように、成果の汎用性を、自ら葬らねばならぬこともあり得る。

ところが、研究成果を否定せずに済む方法がある。全体への目配りを省略する方法がある。権門体制論を受容すれば良いのだ。同論は中世全体に確固たる枠組みを与えてくれる。○○家への考察は、公家の具体例を豊かにする一事例として尊重される。○○荘への言及は、権門の財政基盤となる荘園の個別報告として、捨てるところがない。権門体制論はまさに福音であり、一つの事例しか準備していない初学者にも、中世全体を語る資格を授けてくれる。

だがまことに残念ながら、恵み深い同論をわたしは放棄せざるを得ない。理由は石井進にほぼ等しい。本書におけるわたしの方法は、当為と実情を峻別することであった。律令制すら当為で捉えようとするわたしとしては、あるかなきかすら判然としない「体制」則ち当為を、立論の前提とするわけにはいかないのだ。

ただし、それこそ個別の事象については、すぐれた同論の着想は是非とも援用させてもらいたい。そのもっとも端的な例として、藤原信西の政権構想を挙げることができる。彼は後白河上皇を補佐し、朝廷の中世的なありようを展望したキーパーソンであった。

Ⅱ　中世的朝廷をデザインした藤原信西

上皇の信任を根拠に朝政を主導　入道信西、藤原通憲《みちのり》は藤原南家の学者の家に生まれた。学問の研鑽に励んだ彼は、朝廷随一の博学宏才を以て広く認められ、歴史書『本朝世紀』や法令と判例を集成した『法曹類林』の編纂にあたった。治天の君たる鳥羽上皇は彼の才能を高く評価し、院政の政治顧問として任用した。菅原道真以来、学識を以て行政に携わる「文臣」は紀長谷雄《きのはせお》、三善清行《みよしきよゆき》、大江匡房《おおえのまさふさ》と少数ながら存在しており、信西は彼らに準じた役割を担った。ただし、道真の右大臣は別格としても、長谷雄と匡房が中納言、清行は参議と、前任者たちが議政官に昇進しているのに対し、信西は前少納言に過ぎなかった。官職を政治活動の立脚点とはなし得ず、治天の君の信任に身を委ねるしかなかった。この点が後に、行政官としての彼の、致命的な欠陥として露呈する。

鳥羽院政後半、寵愛を受けた美福門院得子《みふくもんいんとくし》の政治的存在感が増大しており、彼女が生んだ近衛天皇に皇統が渡されるはずであった。ところが、一一五五（久寿二）年、天皇は嗣子のないまま亡くなった。同腹の暲子《しょうし》内親王（八条院）が女帝として登極する案もあったが、上皇と待賢門院《たいけんもんいん》との子である雅仁親王が後白河天皇として即位した。雅仁親王の第一皇子守仁王は早くから美福門院に養育されていたから、守仁王が即位する（二条天皇）までの中継として、後白河天皇が選択されたのである。信西の妻の紀伊局は雅仁親王の乳母であったから、この決定の背景には、信西の奔走も想定すべきであろう。

後白河天皇の即位後、鳥羽上皇が没した。朝政の実権をめぐり、天皇と同母兄の崇徳上皇の抗争が生じた。ここで信西は八一〇（弘仁元）年の薬子《くすこ》の乱以来封印されてきた武力の直接行使に踏み切る。平清盛、源義朝らが天皇のもとに召集され、彼らの軍勢一〇〇〇騎余りは上皇の立て籠もる白河北殿の焼き打ちを敢行、政争を一気に解決した。これが名高い保元の乱である。

功労者が信西であったことは、誰の目にも明らかであった。彼は卑官かつ出家の身ながら、後白河天皇に信任され、政権運営に関与していく。乱のわずか三ヶ月後には保元の新制（新しい法令、という意）七ヶ条が公布された。その第一条には「そもそも九州（日本全土）の地は一人《いちにん》の有《ゆう》なり。王命のほか、いづくんぞ私威をほどこさん」。全ての土地は王＝天皇のものであるという「王土思想」を謳う有名な文言が含まれる。

信西の打ち出した政策は、本郷恵子によると記録所興隆、大内裏造営、公事《くじ》（朝廷の公の行事）の再興、京中整備の四点にまとめられる。記録所はのちの文殿であり、荘園整理の実施、朝廷に持ち込まれる訴訟の審理にあたった。信西の息子俊憲は、右少弁として記録所の構成員となり、運営に尽力した。大内裏の造営は、王権が発動する場の整備であった。信西は諸国に税を課したが、自ら計算して無理なく負担を配分したため、上納は滞ることがなかった。各地域の現状をよく把握し、事情に応じて条件を整えれば物品は動き出し、内裏の修造は実現する。彼は中世の物流ルートの青写真を描いたのだ。

「お気に入り」がアキレス腱にもなる

天皇の卓絶を強調し、私有地である荘園を制限し、朝廷行事を復興して内裏を再建する。新造なった大極殿の大棟の両側には光り輝く金銅の鴟尾《しび》が配された。これらの施策を表面的に眺めると、信西は「かくあるべき」、当為の朝廷のすがたを取り戻そうと奮闘しているかのようである。だがそれだけではない。大極殿の瓦のほとんどは以前の建物の再利用であると、近年の発掘が明らかにした。王権の威厳を演出しながら、先代の上皇たちの如き闇雲な無駄遣いはしない。現実にも慎重に目を配る。信西はそうした行政者であった。

荘園の整理が命じられると、確かに一定量の荘園は廃止される。だが整理を実行するのは各国の国衙《こくが》であり、国衙の長は国司であった。国司レベルの貴族では、小領主の荘園は整理できても、高貴な権門の荘園には手が出せなかった。それゆえ人々は優勢な権門のもとに荘園を寄進し直し、権益を確保しようとする。まさに寄らば大樹の陰であった。整理が進むとかえって、上皇を頂点とする有力権門は、多くの荘園を獲得する。ならばこの政策は権門が覇を競う当時の状況、「かくある」実情の追認に他なるまい。

荘園整理令により、権門の財政基盤を構築する。内裏と行事を整備し、貴族に快適な職場と明確な職務を与える。保元新制で寺社政策が重視され、僧兵を抱える大寺院を朝廷の統制下に置く。平氏と源氏に官位を与えて重く用い、直截《ちょくせつ》な強制力として朝敵を討たせる。王たる治天の君のもとに貴族がいて、寺院があり、武士も服従する。これはまさに前節で見た「権門体制」のイメージそのものではないか。権門体制論とは実は院政期にこそ適合的な理論であって、信西政権はその完成をめざしたものだと解釈したい。

図6を見て欲しい。一一二五（天治二）年は白河上皇の晩年であるが、ここを基準として朝廷文書を整理すると、「（官）宣旨から院宣へ」という第3章で述べた動きが明瞭に見て取れる。院宣を作成する奏者について見てみると、白河院政を引き継いだ鳥羽院政では、もろもろの官職を帯びた人が務めている。これに対し、次の後白河院政においては、奏者が先に定義した「奉行」（蔵人と弁官）に限定されていく。

鳥羽上皇に奏事を行っていたのは、王である上皇に近侍する「お気に入り」たちに違いない。彼らは上皇と緊密な主従の関係を結ぶ従者、院司であった。この時期はまだ上皇の決裁を請う訴訟のルールが確定しておらず、院司が訴の繋属《けいぞく》の窓口となった。人々はおそらくは相応の贈り物を届け、上皇への取り次ぎを依頼したのである。様々な官職を帯びた院司たちは、訴訟に関与し、文書発給にあたった。

これに対し、後白河院政では訴訟のルールが定立し、蔵人・弁官が奏事を行うようになる。それが院宣の発給状況に投影されていると思われる。ながく後世に受け継がれていくこのかたちは、どうやら後白河院政に始まった。そこでわたしは仮説を立ててみたい。治天の君と奉行による訴訟。中世朝廷の核となるこの振る舞いを始めたのは、信西その人ではないか。信西の政権担当時期には、奉行以外の人は奏者になっていない。彼の没後、奉行でない人がある程度訴訟に関わっている。図6からはこれらも読み取れ、推測を補強してくれる。

「権門体制論」としてまとめられる、朝廷のありようを模索する。朝廷訴訟のもっとも大事な奏事のルールを策定する。信西こそは、朝廷の中世的なすがたをデザインした人物であった。そう評価したい。ところが、彼の政権は長く続かなかった。後白河上皇の近臣中から藤原信頼《のぶより》が頭角を現し、信西の政敵となったのである。

図6　『平安遺文』にみる宣旨、綸旨、院宣

	宣旨	綸旨・院宣
1048～1124年 永承3～天治1	22	1
1125～1185年 天治2～文治1	1	42

奏者 治天の君	奉行	非奉行
鳥羽	5	11
後白河	19	7
うち信西在世	4	0

年若い信頼は上皇の男色相手ともいわれる寵臣であるが、信西に対抗するだけの見識や政策を周囲に明示した形跡がない。とはいえ信西の権限を保証するのは上皇の信任だけであったから、性格は異なっても同じく上皇の「お気に入り」である信頼と、彼はまともに競い合う必要に迫られた。この点が信西のアキレス腱であった。

一一五九（平治元）年、政争から乱が生じ、信西は源義朝と結んだ信頼の軍兵に殺害される。その首は都の大路を引きまわされ、獄門に懸けられた。これが平治の乱であり、乱の勝利者となった平清盛がこの後の政局の主導権を握った。

Ⅲ　権門体制の崩壊と平家政権

武力は恐怖を放射する　平正盛・忠盛父子は白河・鳥羽上皇に仕え、主に西国の国司を歴任した。富を蓄積し、各国の在地領主層を家人として従えていった。忠盛の子が清盛で、彼は信西と結んで政権の一翼を担う。平治の乱が起きたときには京を離れていたが、一族・郎党と共に清盛が無事に帰還し敵方についたと知るや、源義朝は直ちに「わたしたちは戦いに敗れた」と覚悟を決めたという（『平治物語』）。この時点で清盛が京都周辺に動員できる兵力は、義朝のそれを遥かに上回っていたのであろう。

乱に勝利した後、清盛は後白河上皇を奉じ、朝政の実権を掌握していく。もともと上皇は「遊びにばかり熱心で、即位の器量にはあらず（『愚管抄』）」と評された人であった。信西の卓越した政治力を失った上皇は、乱ののち政務の権を皇子の二条天皇に奪われていた。ほどなく天皇が亡くなったので、再び治天の君となったが、揺るぎない王として君臨するには、武門の棟梁である清盛との連携が不可欠であったろう。

清盛は、権大納言から内大臣、翌年すぐに太政大臣と、異例の昇進を重ねる。また平家の一門も順調に貴族として昇進していった。こうした事象を説明するために、清盛を白河上皇の落胤とする説が浮上する。『平家物語』は「又ある人の申けるは、清盛は忠盛が子にはあらず、まことは白河院の皇子也」と語り、白河院寵愛の祇園女御《ぎおんのにょうご》が忠盛に下賜され、そのとき彼女のお腹にいた子が清盛という。高貴な生まれゆえに清盛は貴族社会に受容され、高位高官を得られた。そう説明する有力な研究者も少なくない。

歴史解釈には当然ながら幅があり、異なる見解の溝を埋めるためには真摯にかつ楽しく議論を進めていけばよい。だが、ときに「さすがに、それはどうかな……」と言葉に詰まる、「困惑してしまう所説」が、多くの支持を得る場合がある。これなどはその典型例一である。清盛の累進を出生で片づけてしまっては、「武力とは何か」という根源的な疑問を考える、せっかくの機会を逸してしまうではないか。

長いあいだ天皇と朝廷は組織的な反乱を経験しておらず、それに対応するための固有の軍事力の構築を怠っていた。平将門らの蜂起を鎮圧したのは、結局は藤原秀郷ら他の地方豪族の武力であって、中央軍ではなかった。武士団は各地で誕生し成長していたが、それはいまだ個々別々の存在に過ぎなかった。統合されることなく、相互の（いわばヨコの）連携も不十分で、武門としての自覚的な意思を育むことがなかった。

その中で、源氏と平家が頭角を現し、保元の乱・平治の乱が戦われた。平清盛が勝ち残り、武門の代表者の座に就いた。武士たちは経験し、学習する。われわれの武力は、中央政権のありようを左右するほどの、抜群の破壊力を有しているのだ、と。けれども漢字すら満足に書けぬ程度の知的レベルにあった武士たちは、それが何を意味するのか、定かには認識していない。どう活用すべきかに思い至っていない。実際に彼らが幕府という自らの組織を構築するまでには、まだ幾ばくかの時間が必要であった。

むしろ本当に戦慄したのは、上皇と貴族の側であったろう。考え抜かれた策略も隠微な陰謀も、現実的な暴力に晒されればひとたまりもない。それを束ねる清盛への畏怖。彼がひとたび朝廷の定めた枠組みを逸脱するや、上皇にも貴族にも修整する効果的な手段がない。平家が従順でいてくれるなら、官職も権限も荘園も与えよう。貴族たちの武力への畏れこそ、平家の躍進をもたらす真因である。清盛らは武力を先に立て、「平家にあらずんば人にあらず」と我が物顔に振る舞う。全くの異分子の混入と繁栄を認めざるを得ない貴族たちの不快感は、自らを納得させるためにも、「清盛＝皇胤」説を生んだ。それを研究者が真に受けてしまうのはいかがなものか。

牙を剝く平家、停止する院政　一一七九（治承三）年末、福原（現在の神戸）に引退していた清盛は突如として武門の真の相貌を顕《あら》わにする。数千の兵を率いて入京し、後白河上皇の院政を停止、政務を掌握した。日本史上初めて、武士の政権が誕生したのである。

関白以下、多くの貴族が解任されて、平家と良好な関係をもつ者が代わってその座を占めた。日本全国（六六ヶ国）の半数にあたる三二ヶ国が平家と与党の知行国となった。ちなみにクーデター前は一七ヶ国であるから、ほぼ倍増である。分布を見ると、中部地方から西方へと広がっている。平家は代々、西国に勢力を扶植してきた。縁の薄い東国はさておいて、東西の境（フォッサマグナ周辺）に強固な防衛ラインを築き、それ以西、畿内と西国を地盤とした政権が策定されたのである。やがて清盛の娘である建礼門院徳子が生んだ安徳天皇が即位し、福原への遷都が強行された。

大量の知行国を獲得したことは、従者の編成、言い換えると軍事力の編成に向けての、平家政権の率直な方針の表明であった。当時の在地領主たちは各国の国衙を拠点に結集し、在地に即応した行政組織、留守所（国衙を統べる国司が京都に留まり、赴任しないところからこの名がある）を形成していた。平家は国司の上位に位置する国主（知行国主という）として彼らに従属と忠誠を要求する。見返りとして、国衙領における彼らの本領を安堵し、保護する。知行国を媒体として、平家と在地領主は主従関係を結ぶのである。

源頼朝は幕府を立ち上げ、源氏と在地領主の主従関係を安定させていった。これに先んじて清盛は、既存の知行国という制度を有効活用し、いわば朝廷の中に幕府を生みだそうとしたのである。ただし身分卑しい武士が新たに結集する場としては、伝統ある京都はふさわしくなかった。そのために清盛は、寺社勢力への対応も考慮して、福原への遷都を強行した。福原の新都は、そのまま福原幕府へと転化する可能性を秘めていた。

武力の統括者が突出した力をもち、治天の君の座を危うくする。武門はもはや他の権門との連携を放棄し、公家や寺家に従属をすら求めている。わたしは権門体制はこの時点で、平家がクーデターを起こした時点で、第一の崩壊を迎えると考える。清盛は外孫である安徳天皇を擁して福原政権を構想しており、その分だけ権門体制からの離脱は不十分ではあるのだが。すると、これに続く源平合戦と幕府の成立により、武門は権門体制から完全に逸脱し、自立すると考えられる。次にその過程を追ってみよう。

Ⅳ　源平の戦いの本質は何だったのか

朝廷の支配からの自立　源平の戦いは、学術的には「治承・寿永の内乱」という。この内乱の本質はいったい何だったのか。ある人は言う。源氏と平氏、どちらが天皇を守護するにふさわしい「武士の棟梁」であるか。それを決定する戦いだった、と。またある人は言う。戦乱の根には、皇位を巡る争いがある。皇位を手中に収めようとする天皇や上皇が兵を募って戦ったのがこの内乱であり、源氏や平氏はいわば走狗にすぎない。

これらの見方は、天皇や朝廷に重きをおいている。だが、それは妥当だろうか。内乱の端緒となった以仁王《もちひとおう》の挙兵には、そうした解釈が有効である。後白河上皇の皇子である以仁王は皇位を望んでいたようだから。だがそれに続く動きはどうだろう。以仁王と源頼政は平家に討たれ、間もなく源頼朝が挙兵し、全国は瞬く間に内乱状態になる。

・一一八〇（治承四）年八月　源頼朝、伊豆国目代《もくだい》の山木兼隆を襲撃し、挙兵。
・　　　　　　　　九月　源義仲、信濃国に挙兵。国衙を掌握。

・一一月　近江源氏蜂起。若狭国在庁官人（国衙の役人）謀反。
美濃源氏蜂起。肥後国随一の武士、菊池隆直謀反。
・このころ　伊予国随一の武士、河野通清《こうのみちきよ》謀反。河内源氏蜂起。

若狭の官人や、菊池や河野らの有力武士は、天皇の指示など受けていない。源氏の御曹司を守り立てているわけでもない。彼らは当時の国家秩序そのものに反旗を翻し、武力の行使に踏み切っているのだ。

わたしは内乱の主役は、在地領主、すなわち武士であると考える。彼らは天皇と朝廷の支配に不満を募らせていた。多くの税を課せられる。しばしば京都に上り、宮中の警護に当たらねばならない。この大番役は莫大な費用すべてを在地領主側が負担するのだ。さらに、十分に警戒していないと、何より大事な本領を国衙に奪われてしまう。

我々の利益を守ってくれる権勢はないのか。利益を代弁してくれる権門はないのか。なければ自立し、適当な権力組織を構築するしかないではないか。長きにわたる朝廷の支配から自立を勝ち取るための戦い、武士たちのいわば独立戦争、それが「源平の争乱」の実態なのである。

福原の平清盛は、知行国を通じて、在地領主の結集を試みた。そうわたしは先述した。

この解釈が的を射ているならば、「源平の戦い」は治承三年のクーデターから、既に始まっていたのだ。そうか、既存の政権に不満があるならば、武力を駆使して立ち上がればよいのだ。武士たちは平家一門の行動を見聞きして、学習したのである。

挙兵した在地領主たちは、第一に国衙の占拠を目的としている。政治・経済・文化の中心である国衙を掌握し、地域における支配秩序を形成しようとする。清盛のクーデターの小型版ともいうべき変革が、各国を舞台に引き起こされた。ついで、小さな各地の軍事勢力は、優勝劣敗の競争を続けていく。それがいわゆる「源平の争乱」のより具体的な様相である。源頼朝が源義仲と抗争したように、頼朝が佐竹氏や志田氏などの源氏一門を打ち破っているように、当然それは、源氏と平氏の戦いには限定されなかった。

武士の財産を保証する新しい王権

武士全体の棟梁になり得る候補者が、次々と名乗りを挙げた。いち早く京都を制圧し、征東大将軍の座についた源義仲。畿内の惣官として武士の糾合を図り、一旦は都を追われた後も九州・四国で再起した平宗盛。後白河上皇は政治的駆け引きにせよ、源義経・行家を棟梁に据えようとした。北方の王者、藤原秀衡の名を忘れるわけにはいかない。そして、関東の武士の厚い支持を得た、源頼朝。

石橋山で大敗し、海路を房総半島に逃れた頼朝のもとに、関東地方の武士たちが続々と集結していった。頼朝は彼らを率いて房総と武蔵を席捲し、父祖ゆかりの地、相模の鎌倉に入った。平清盛は討伐軍を東下させるが、駿河国富士川で東国勢と対峙した彼らは、まともに戦えぬまま敗走する。平家軍を追いかけようとする頼朝を、東国の武士たちが押し止めた。京上するのは、関東を確実に掌握してからでよい、と。頼朝は助言に従い、鎌倉に帰還する。そののち関東各地に出兵し、強固な勢力基盤を構築していく。

関東に新しい政権を作る。頼朝の決断は、確実に歴史を動かすものであった。武士たちは荒地を拓き、山河に狩猟し、土を耕して生活していた。彼らにとって、関東の土地は何にも代えがたい財産であった。頼朝に求められたのは、いま支配している土地を保証すること（本領安堵）であり、新しい土地を分け与えること（新恩給与）であった。その機能を果たしていただけるなら、命をかけてお仕えします。ここに頼朝と在地領主との、宮廷にはない強固な主従の関係が出現し、在地領主たちは幕府の御家人となった。

いまや御家人である在地領主の権利を妨害する者は、原理的にいうならば、頼朝が統轄する軍事力を敵としなければならない。すべての御家人は一人の御家人の権利のために戦う。在地領主による、在地領主のための権力。こうした権力機構こそを在地領主たちは長いあいだ希求していたのであり、それこそが頼朝率いる、鎌倉の幕府だったのだ。

京都から遥か彼方の新しい土地で、新しい主従関係が結ばれる。生命すら差し出す在地領主たちを従えた鎌倉殿は、もはや従来の武力権門の枠に留まっていなかった。それは東国に産声を上げた新しい王権であり、天皇の統制から離脱していた。この意味でわたしは、中世における権門体制論に賛同できない。

もう一度整理しておこう。たしかに武士たちは、初めは権門のいわば番犬であった。武士の棟梁たちは武家権門と呼ぶにふさわしい。国司や検非違使の官職を与えられ、上皇の命令を受けて軍事活動を展開する。平安時代の院政期においては、権門体制論を構想することは有意義である。だがやがて、武士たちは政治的に覚醒していく。

第一には保元の乱によって、自身が保有する武力の重みを認識する。武力を携えて効果的に身を処せば、政治的発言権を得ることが可能なのだ。武門を統合することに成功した平清盛は、太政大臣にまで昇進した。次の画期は平家による軍事クーデターである。唯一の武家権門は他の権門を屈服させるために軍事力を用い、権門体制の枠組みを超えようとした。平清盛は上皇の優越を無効化し、実質的な王を目指した。

ここで再び武士たちは、武力の真の威力を学ぶ。平家の専横に反旗を翻すかたちを借りながら、彼らは各地で自立を模索するのだ。この動きの中から、鎌倉の政権が生まれる。これは清盛のクーデターに始まる動乱を、明確な「かたち」として安定させるものであった。清盛がまず上皇の支配に強烈に異議を申し立て、頼朝はついにその軛《くびき》から脱することに成功した。武門は権門体制からの自立を果たしたのであり、上皇と将軍は、従来とは異なる位相で向き合うこととなる。権門体制論は崩壊せざるを得ない。

V　源頼朝が達成したもの

幕府は朝廷を乗り越えられないのか　将軍とは何か。守護・地頭とは何か。幕府自身の拠って立つ根拠とは何か。戦後の歴史学は問いかけを続けてきた。このとき主流をなしたのは、当為と実情の差異に目を向けない、いわば「確固たる律令国家」を前提とした解釈である。

石母田正・佐藤進一・石井進など、戦後日本中世史学界を代表する研究者たちは、法の世界での常識に立脚する。「先行する公権力によって認証されて初めて、後発の権力は存立を認められる。さまざまな権限を行使することが世の中に認知され、やがては彼自身が公的な存在になっていく」のだ。たとえば将軍職。それは朝廷の勘案により名称と権限を付与される。たとえば守護・地頭。その設置は朝廷の承認があって実現する。

石母田らは朝廷の主張や言い分をきわめて大切にする。朝廷側に残された史料を博捜《はくそう》し、一字一句をおろそかにせず深く読み込む。その成果をもって歴史的な事象に立ち返り、頼朝の達成を説明していくのである。実証的な作業内容には敬服せざるを得ない。しかしこの順序は、敢えて言おう、誤りではないか。

朝廷の認可や許諾が現実を生成する、わけではあるまい。話の順序は逆で、「実在する現実」の側が、朝廷の対応を引き出すのだ。実情が当為に応答を迫るのだ。平安末期の「確固たる律令国家」は、実情ではなく、当為にすぎない。それは第1章で縷々述べた通りである。古代も中世も、精緻で厳然たる「かたち」を有していない。近現代の国家や権力についての方法論に依拠しながら、史料を深読みし、歴史像を膨らませる。朝廷はそうした作業に耐えるだけの、高度な統治体ではあり得ない。それゆえに古代末期から中世初頭への大きな転換期を理解する上で、石母田らの方法は、適当ではない。

権門体制論に対して、佐藤進一と石井進は批判的であった。佐藤は東国国家論を提起して対抗したが、石井はおおよそは無関心を以て対応した。誠実な態度とは言いかねるが、快刀乱麻を断つが如き効果的な反論が構想しにくかったのであろう。さらに憶測を重ねれば、彼らがこの理論を否定しきれぬ一因は、研究方法そのものに内在するのではないか。先行する公権力である朝廷は、すべての「源泉」となる。その解釈を維持する以上、あとから生まれた武士政権が朝廷を乗り越えられぬのは、理の当然なのである。

一一八〇年一〇月六日、鎌倉幕府成立　後白河上皇の権勢維持の手法は単純にして明快で、戦いの一旦の勝者を朝敵として名指し、他の武士たちに討たせる、というものであった。源義仲に平宗盛を討たせ、源頼朝に義仲と宗盛を討たせる。ここまでは順調であったが、源義経と行家を用いて頼朝を討たせようとしたところ、武士たちは勅命を全く受容しなかった。この内乱の主役が天皇や上皇でないことを、この事件は端的に物語る。もう改めて言うまでもないのだが、在地領主の意思こそが、時代を動かしていたのである。

頼朝は京都に軍を送って、後白河上皇の企てを一蹴した。上皇を武力で脅し、勅許を引き出す。逃亡した義経を探索することを名目に、各国に守護を、各地の荘園に地頭を配置した。現在では、一一八五（文治元）年一一月の守護・地頭の設置を以て、鎌倉幕府の成立とみなす研究者が多くなっている。

ただし、守護と地頭は、天皇の認定を待って初めて設置された職ではない。守護は奉行人・勧農使などとも呼ばれ、国内の御家人のリーダーとして、これ以前からしばしば姿を見せている。また頼朝は武士の所領を認めてやるとき、すなわち本領安堵のときに、

「地頭」職に補任する形式を早くから採用している。たとえば下総国相馬御厨という広大な荘園は、荘園領主伊勢神宮のもとで、千葉常胤という有力武士が「下司《げし》」職に任じられていた。下司は現地の責任者であって、在地領主はだいたいこの職を入手していた。常胤の立場には有為転変があったようだが、結局のところ、彼が頼朝に臣従し御家人になった時点で、荘園での権限は「地頭」職として、安堵されたものと推定される。

常胤の地頭職補任は、彼と荘園領主である伊勢神宮の貢納関係に、改変を要求するものではなかった。経済的な側面においてはとくに、神宮側は常胤を以前と変わらぬ在地の下級役人として認識していただろう。だが、実は大きな変化が生じていた。神宮が常胤の地位に迂闊に手が出せなくなったのだ。荘園領主が現地責任者である下司を解任し、新たな下司を任命する。それは当然、起こりうる事態である。あって然るべき行為である。だが常胤が御家人に列していると、そうした決定を下すやいなや、御家人の主である源頼朝に敵対することになる。幕府の軍事力を敵に回すことになる。そんな怖ろしいことを自力で行う荘園領主は、実際にはほとんど存在しなかった。

守護・地頭の設置も、実情の追認と捉え得る。わたしはそう考え、当為よりも実情を重視したい。そうすると、わたしが提唱する「鎌倉幕府の成立時」は自ずと決まってくる。それは勿論、朝廷が頼朝に征夷大将軍職を与えたときではない。守護・地頭の設置が公認されたときでもない。頼朝が東国の御家人を従えて鎌倉に入った日、それは彼がいまだ脆弱ながら関東の「新しい王」となったときである。一一八〇（治承四）年一〇月六日。この日こそが適当ではなかろうか。

藤原信西は権門体制論が説くような国家のかたちをデザインしようとした。そこでは天皇＝王が全土に君臨し、武力は王によって十二分にコントロールされていた。また中級実務貴族が王の吏僚として活動するシステムが機能しはじめる。

だが信西が没したのち、武力を統率する平家の力は次第に大きくなり、やがてクーデターを起こして自立を志す。源平の戦いの中で在地にもこの動きは波及し、ついに東国に新しい王、武力の王が誕生する。武力の王は七〇〇年にわたって日本に影響力を行使することになるので、その成立過程を丁寧に跡づけてみた。

鏡を見なければ自分のすがたを認識できぬように、権力も相対化されて初めて、その輪郭を明らかにする。新しい王の定立は、否応なく、天皇に自己認識を迫っていく。そのため鎌倉時代になると、王である天皇はその性格を明示していくことになる。

第5章　悠然たる君臨からの脱皮

I　朝廷の新しい役割

重要なのは征夷大将軍ではない　後白河上皇が没して四ヶ月後、後鳥羽天皇は源頼朝を征夷大将軍に任じた。わたしは二〇〇四年の一二月一〇日に上梓した『新・中世王権論』（新人物往来社）に書いた。

「私は乱暴に言えば、頼朝は、また幕府は、どんな官職でも良かったのだと考えている。一定の高位を保証し、朝廷の主要な官職の体系から自由でありさえすれば。鎮守府将軍でも征東将軍でも良いし、中国大陸風に司馬でも都督でもいっこうに構わなかったのではないか。頼朝は官職に付随する権限や機能を求めていたわけではないし、当時の朝廷に特権を保証する官職が用意されていたわけでもない。名称はどうあれ、内実は頼朝が策定していくほかはない。要するに頼朝は、今までにない強力な主従関係の指標として、それらしい響きをもつ官職が必要だった」

ここでわたしが批判の対象として念頭に置いたのは、「征夷大将軍」という官職それ自体を過大に評価する人々であった。「征夷」すなわち夷を征することを朝廷に認められ、幕府は関東と東北地方の領有に根拠を得たのだ。そう言う人がいる。また、夷とは朝敵を指していて、天皇から朝敵征伐の命を受けた司令官が将軍である。だから将軍は天皇の指揮下にある武力権門で、権門体制論の枠内にあるのだ。そう言う人もある。

輪郭の厳然たる官職が、内実を伴って初めから存在するかのような、まさに「当為」しか見ない愚かしい解釈である。こうした手法を延長していけば、「羽柴秀吉は源氏の出身ではないので征夷大将軍に任命してもらえず、幕府を開けなかった。やむなく豊臣姓を作り関白となった」の如き、時代遅れの所説にも連結するだろう。平安時代の中期にはすでに形骸化している律令国家の官職について少しでも理解があれば、そんな表面的な主張ができるはずもない。まさに前章Ⅲで述べた「困惑してしまう所説」の典型例二である。頼朝は右にも記したように、それらしい名前の官職をもらって自己の王権の指標にしようとしたのであって、内実は自らが作り上げていったのだ。

二〇〇四年一二月二五日刊の『明月記研究九』誌上に、櫻井陽子はこれまで知られていなかった『三槐荒涼抜書要』を紹介し、翻刻した。この本には当時の貴族である中山忠親の日記『山槐記』の記事が抜粋されており、それを読解すると次が明らかになる。

・源義仲は「征東大将軍」に任命された。「征夷大将軍」に任じられたのではない。
・建久三（一一九二）年七月、源頼朝は「大将軍」の官職への任命を朝廷に求めた。従来いわれていたように、「征夷大将軍」を望んだわけではない。
・これを受けて後鳥羽天皇の朝廷は協議し、義仲が任じた「征東大将軍」・平宗盛が任じた「惣官」・中国風の「上将軍」も考慮し、結局は坂上田村麻呂の吉例を踏襲して「征夷大将軍」を頼朝に与えた。

『三槐荒涼抜書要』は『山槐記』と藤原資季《すけすえ》の『荒涼記』を忠実に抜き書きしているようなので、そこに明記された右の記事はまず疑いようがない。

これに『吾妻鏡』元暦元（一一八四）年四月一〇日の記事と建久三年七月の記事とを併せ考えると、次のような動きが読み取れる。頼朝は源義仲を滅ぼした段階で、「征夷将軍」など、武士の棟梁にふさわしい何らかの官職を朝廷に要求した。ところが後白河上皇はこれを嫌い、許さなかった。やがて頼朝は武官の最上首である右近衛大将に任じ、朝廷が常置している官職の中ではもっとも適当な地位を得た。後白河上皇が没すると、頼朝は近衛大将への任命実績に基づき、改めて武力の統括者の指標たる「大将軍」を望んだ。朝廷は先例を勘案し、征夷大将軍を頼朝に与えた。これが後に代々継承されていくことになる。

　都督や司馬はさすがに突飛であったが、朝廷は中国風の上将軍まで視野に収めている。これは全くの想像だが、第2章Ⅱ後漢の外戚の事例を頼朝周辺の吏僚が知っていれば、「大将軍」は単なる武門の統括者ではなく、皇帝権限代行者としての性格をもつことになる。とまれ、わたしの先の見通しは正しかったと証明されたように思う。そんなことを自慢しても詮無いが、わたしはここに、朝廷の新しい役割が見て取れることに注目したい。それは、武士に情報を教示する朝廷、情報を与える天皇という機能である。


「わたしは何者か」を決める情報　新興の武士勢力はすさまじいエネルギーで成長を続けていく。制度設計が先ずあって内実を埋めるのではなく、必要に応じて様々な分野に手を伸ばし、全体の膨張が一段落したときに、適当な輪郭が定められていくのだ。この時、武士たちは手持ちの知識だけでは、自己のありようを捕捉しきれない。「武士の棟梁の地位を表現する、相応の官職をお与え下さい」と懇願するように、自らのかたちについて朝廷に説明を求める。情報が提供されると、それに準拠しながら内容を確定していく。

　こうした運動が現実のものになるにあたっては、二つの条件が作用している。一つは武士たちの知性の貧しさである。どのクラスの武士たちの知能を以て平均とするかは問題であるが、おそらく通常の御家人であれば、まず漢字は書けない。彼らは晩年に領地を子どもに配分する文書を自筆で認《したた》めるが、そのほとんどは拙劣な文章で、しかも仮名で書いてある。伊勢国の善教寺の仏像の胎内から発見された、鎌倉時代初めにかなり高い地位（筑後守。国司は御家人では数名である）にあった武士の日記はたどたどしいもので、漢字はほとんど用いられない。当時の書籍は、漢字を知らなければ読みこなせない。武士たちが十分に学び、教養を積んでいたとは考えにくい。

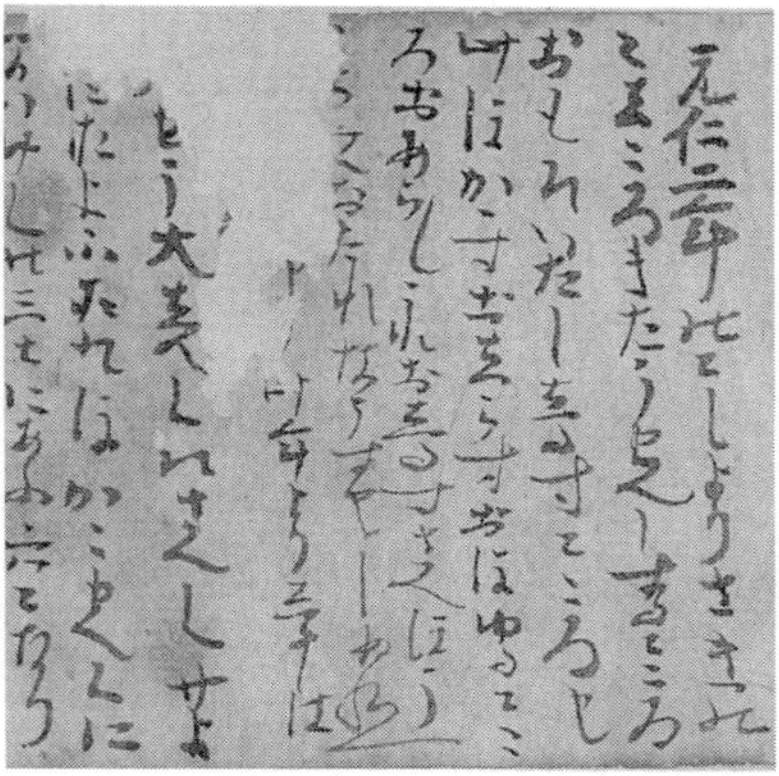
図7　鎌倉初期の身分の高い武士の日記
（四日市市善教寺所蔵）

もう一つの条件は、武士とは逆に、朝廷の知的水準の高さである。それは過去への畏敬の産物であった。先に見たように、日本は科挙を実施せず、固定的な貴族層が連綿と生き延びた。世襲を大原則とする社会においては、古いことは善であり、新しい案出は忌避すべきことであった。中世に盛んに用いられることばに「新儀非法」がある。それは新しい。だから法に悖《もと》る、非難されるべし、というのである。

貴族が篤く信仰した仏法でも、釈迦がこの世に生きた過去こそが貴い。釈迦の教えが正しく伝わる正法の世である。ところが時間の経過とともに、教義は誤った方へ変容していく。正法から像法を経て末法の世へ。貴族たちが生きた平安中期からは嘆かわしい末法の時代に突入しており、この意味でも過去は敬意と憧れを以て顧みられたのである。

かかる価値観が支配的であったから、貴族たちは旧きを再現できれば、それを以て上々の評価を与えた。父が大納言であれば子も大納言に。父が和歌の名手であれば、子も歌作に励んだ。祖先の日記は何にも勝るテキストとして珍重され、行事に際してたえず閲覧に供され、過去の所作が繰り返された。かくて年中行事が定立し、意味の再確認も行われぬままに、毎年飽くことなく続けられていく。

かつて貴族社会が編纂した律令は、精緻で膨大で難解な法体系であった。これに準拠した政治理念は日本社会に適合的ではなかったが、それを一挙に修整する努力は為されなかったし、海外との正式な交流を断った状況にあっては、かりにそれを企てたとしても成功は覚束なかったであろう。だが一方で貴族たちは、律令を受容した祖先の知的水準を維持するべく、研鑽《けんさん》に励んでいた。時が経つにつれて忘却され、失われるものは数多くあったにせよ、それでもなお圧倒的な質量を誇る情報が朝廷には保存されていた。それを引き出すための方法と手続きも、大切に受け継がれていた。

それゆえに端的にいってしまえば「蒙昧《もうまい》な」、自らのありようを表現できぬ武士たちは、ことごとに朝廷に質問し、学ばねばならなかった。わたしたちはいったい何者でしょうか。どちらの方向へ進めばいいのでしょうか、と。東国に武士の政権が誕生するとともに、情報を与える天皇、というありようが出現し、この方向性に則《のっと》って公武の交渉がもたれていく。天皇はいわば「情報の王」として振る舞うようになるのである。

Ⅱ　文化のちからで幕府をねじ伏せる

武士を圧倒する知性・学識・教養　後鳥羽上皇が朝廷を強力に牽引していた時期は、武力の全国的編成によって突出した幕府を、権門体制の元にもう一度引き戻すことが緊急の問題になっている。そうわたしは解釈したいと思う。

もっとも思索を深めた天皇は、鎌倉時代末の哲人天皇花園であるが、あらゆる分野で傑出した歴代の随一は、間違いなく後鳥羽上皇であろう。上皇は先ず第一に「情報の王」あるいは「文化の王」であろうとした。軍事力では圧倒的な東国の武士たち。だが彼らには決定的に足りぬものがあった。系統だった知性であり、学識であり、教養である。そうしたものは一朝一夕にはとても修得できない。上皇はそれをよく理解しており、幕府を圧倒するためにも、伝統的な文化の統合を進めたのである。

音楽・蹴鞠・闘鶏・相撲・競馬《くらべうま》など、上皇は様々な芸能に親しんだが、中でも力を入れたのは和歌であった。和歌所を設けて有名な藤原定家らを配置し、定家ほか藤原家隆・飛鳥井雅経・寂連法師らに勅撰和歌集の選進を命じた。一二〇五（元久二）年に完成を見た歌集は『新古今和歌集』と名付けられたが、この名前が平安時代の『古今和歌集』を強く意識していたことは言うまでもない。

『古今和歌集』が編まれた延喜年間は「延喜・天暦《てんりゃく》の治」と称され、天皇による理想的な治世が実現した時期と理解されていた。『新古今和歌集』の真名序には、和歌は「誠に是れ、理世撫民の鴻徽《こうき》」とあり、仮名の序には「世を治め民を和らぐる道とせり」と記された。すぐれた和歌を詠むことは、文化の精華であるとともに、世を統治する手段と認識された。後鳥羽上皇にとってみても、歌に代表される文化は、治世の方途に他ならなかった。文化を形成する各々の芸能は、気楽な遊興ではあり得ない。文章や法律や歴史と同等な価値を有する、真摯に修練を積むべき道であり、振る舞いであった。

それゆえに「文化の王」たる上皇と廷臣は、ときに激しくせめぎあう。五味文彦によれば、鴨長明は琵琶と和歌で認められながら、上皇との緊迫感に満ちた交渉に堪えられず、隠遁して『方丈記』『発心集』を書き綴った。源顕兼は『新古今和歌集』撰集のメンバー採用から洩れて、和歌の道からの引退を余儀なくされ、説話集『古事談』を著した。そこには王権から逸脱した人々の様子が記されている。

こうした上皇の方法に敏感に反応したのが、誰あろう幕府の首長、源実朝であった。

時によりすぐれば民のなげきなり　八大龍王雨やめたまへ

実朝は歌を学び、文化を吸収し、撫民の意識を徐々に獲得していく。上皇が

奥山のおどろが下もふみわけて　道ある世ぞと人に知らせん

と詠めば、実朝は

山はさけ海はあせなむ世なりとも　君にふた心わがあらめやも

東の国にわがをれば　朝日さす藐姑射《はこや》の山の陰となりにき

と応じた。上皇は実朝の学問の師として源仲章《なかあきら》を鎌倉に派遣した。また、彼の官位を急速に進めて、幕府内での彼のリーダーシップの確立を側面から援助した。文化のちからで幕府を統制下に置く。藐姑射の山（院の御所のこと）の守護として東の将軍が機能する。

上皇の意図は、実朝という特異な個性を通じて達成されるかに見えた。

荘園の様子を見ると、八条院領・長講堂領・七条院領などに分掌されていた膨大な皇室領が、この時期に上皇のもとに集積されている。代々の上皇が蓄積に努め、数々の離宮や寺院の造立に象徴される華麗な院政期の文化展開を可能にした財産を、上皇は一手に掌握したのであった。人々は利益の恵賜に与ろうと、上皇の周囲に群参する。

藤原定家は近江国吉富荘（八条院領。彦根市に所在）に権利を保有し、主要な収入源としていた。一二一三（建保元）年、土地の横領を画策する法師が現れる。困り果てた定家は上皇に訴えて件の法師を拘禁してもらい、何とか問題を解決した。このとき、彼が撰定に努めた『新古今和歌集』は一応の完成を見ており、上皇と連絡を取りながら最後の点検をしている時期であった。定家の官位は従三位侍従。れっきとした公卿の一員である。

定家が上皇への取り次ぎを頼んだのは高倉清範という人物なのだが、彼は蔵人や弁官といった、訴訟を取り仕切る奉行の地位にない。もちろん、位階も定家の方が遥かに上である。ただ、彼の叔母は高名な卿二位《きょうのにい》（藤原兼子）なのであった。彼女は後鳥羽上皇の乳母で、上皇との個人的な親密さゆえにたいへんな権勢を誇っていた。清範もまた、上皇の側近く仕える「お気に入り」の一人に数えられていた。ちなみに上皇が後に隠岐島に流されたときも、彼は同行して変わることなく奉仕している。

訴訟はどうしたら実現するか。右の例が端的に教えてくれる。藤原信西の頃に指向されていたシステマティックな訴の繋属は、この時期には機能していない。勅撰集選進の大事業を通じてきちんと上皇と向き合っているはずの定家ですら、「無縁の者、更にその計らいなし。まさにいかんせんか」「無縁の追従（おもねり）、はなはだ恥に似たり」と自身の「無縁」を頻りに嘆いている。上皇と「縁ある」、親しい関係にある者を介して、はじめて思うような訴訟の実行が可能になるのだ。「システムより、上皇の意思」。それが万能の王であった後鳥羽上皇の治世に見られる、大原則であった。

卓越した王が見誤った武士の実情　上皇の関心は武芸にまで及んだ。『承久記』によれば、「水練や相撲や笠懸《かさがけ》など、朝夕武芸を修練し」たとある。また名工を京都に集めて刀を打たせ、自らも刃文を焼き入れ、菊紋を刻み入れた。天皇家の菊紋の始まりという。膂《りょ》力《りょく》も人に抜きんで、武士を指揮して盗賊の追捕《ついぶ》も行っている。武に優れ、武に親しむ上皇の周囲には多くの武士が集まり、忠実な従者として奉仕した。注目すべきはその中に、幕府の有力御家人が少なからず含まれていたことである。複数の主人をもつ「兼参」が行われていた時代であるから、将軍と上皇に仕えることは原理的にはあり得たが、将軍と御家人の緊密な主従関係（前章Ⅳ）に、上皇は楔を打ち込んだのである。

一二一八（建保六）年末、上皇は源実朝を右大臣に任じた。内大臣で引退する人は多いが、右大臣になった人はだいたい太政大臣にまで昇進できる。実朝は武家として平家を超える家格（第2章Ⅲ）を獲得しつつあった。だが、関東の武士たちは、将軍の京都への接近を嫌った。上皇の指令にすすんで従う、権門体制下の武門への回帰を忌避したのである。翌年正月、鶴岡八幡宮寺での右大臣拝賀式において、実朝と源仲章は斬殺された。直接の犯人である公暁（二代将軍頼家の子）の背後にいた黒幕は北条氏説、三浦氏説があるが、定かではない。ただし、事件後に犯人の捜索が厳密に行われていない点から見ても、実朝の排除は有力御家人たちのコンセンサスだったろう。

『愚管抄』によるならば、実朝の母の北条政子と卿二位とはこの事件以前に会談を重ね、子のない実朝の後継として、上皇の皇子（冷泉宮頼仁親王もしくは六条宮雅成《まさなり》親王）の下向を決定していた。もちろん上皇が承知していないはずはない。ところが実朝暗殺の報に接するや、上皇は皇子東下《とうか》を頑なに拒絶した。文化を以て東夷を屈服させる。実朝を失ってその方法の修整を迫られた上皇は、この頃から武力による倒幕を真剣に考え出したのだろう。上皇に仕える武者たちは北面の武士と西面の武士として編成され、有力寺社の僧兵や神人《じにん》と戦って、京都防衛の任を効率的に果たしていた。側近武士の藤原秀康らは各国の国司を歴任し、地方の軍事力の編成に腐心していた。こうした状況に自信を深めた上皇は、ついに一二二一（承久三）年五月、幕府追討の兵を挙げる。

だが上皇の目論見には誤りがあった。当為を見て、実情を見ていなかったのである。各国の守護や国司に任じる上級武士に恩沢を与えて服従させれば、その支配の系列に属する者は自ずとついてくるだろう。当為さえ掌中に収めれば、実情もかたちを整えるだろう。だが、その「上からの」認識は誤っていた。確かに西国の守護たちは幕府を捨てて朝廷方に馳せ参じた。だが、一般の武士たちは、守護や国司の指令に従わなかった。当為の指揮命令の系統は、全く機能しなかったのである。結果として上皇方はわずかな兵しか集められず、関東の大軍に敗北する。上皇の言うがままになる体制内の武力では、関東の王権に敵し得なかったのであって、権門体制再建の夢はここで完全に頓挫した。

Ⅲ　承久の乱の敗北がもたらしたもの

武力放棄を臣下に誓う　後鳥羽上皇は幕府によって隠岐島に流され、同地で生涯を閉じた。治天の君を処罰するなど、従来の歴史では考えられない事態であった。上皇の子である土御門上皇と順徳上皇、将軍候補ともなった先の冷泉宮と六条宮もそれぞれ配流された。上皇の嫡孫である仲恭天皇は無理矢理に皇位から降ろされ、既に入道していた上皇の兄の後高倉院が治天の君の座に就き、その皇子が後堀河として皇位に登った。

律令の何処を探しても、臣下が皇位継承に容喙《ようかい》する規定など、存在しない。承久の乱後の非常事態のうちに行われた右の処置は、戦いの勝者は敗者の全てを得る、という武門の経験則に依拠していたとしか考えようがない。まさに蛮勇が振るわれたのだが、そのもつ意味はきわめて大きい。武士は皇位の帰趨に直接干渉し、廷臣たちの意見などには耳を貸さず、野卑な腕力によって「王のすげ替え」をしてのけたのである。これ以後、幕府は治天の君ならびに天皇位のありように、必要に応じて能動的に関与していく。

葉室光親《はむろみつちか》ら後鳥羽上皇側近の貴族五人が乱の首謀者として捕縛され、死刑に処せられた。朝廷軍の有力武士は自害するか、処刑された。朝廷軍は貴族も武士も、総崩れになった。朝廷と京都の防衛は、新設された幕府の出先機関、六波羅探題によって担われる。朝廷に唯一残された警察機構の検非違使も、仕事を六波羅に奪われて弱体化していった。

わたしは乱の終結時、混乱の中で出された一通の院宣に注目したい。後鳥羽上皇が幕府軍司令官、北条泰時に宛てたものである。現代語訳してみよう。

……これから以後は「武勇を携える人々」を召し使わない。また、（貴族などが）家業を疎かにして武芸を修練することを禁じる。そういうことをしたために、この兵乱が起きたことを上皇はよくよくご承知である。先非を悔いて仰っておられるのだ。取り次ぐことは以上の如くである。

六月十五日　　　　権中納言定高

武蔵守殿

奉者は二条定高《さだたか》、宛先の武蔵守は北条泰時。ここで後鳥羽上皇は治天の君の立場で、武士を従者としないし、朝廷の内外の人が武芸を修得するのを禁じる、と宣言する。則ち、朝廷は二度と武力を保有しません、と幕府に対して誓っているのだ。

この誓約が実行に移されたことは、史実が証明している。幕府は乱の再発をたいへんに怖れた。六波羅探題には軍事力が常備され、朝廷の動向を厳しく監視した。天皇や上皇が新しい武力と接触することは不可能であったから、こののちずっと、朝廷は自前の軍隊を保有し得なかった。右の院宣はまさに「日本国憲法第九条」だったのである。

もう強訴を止められない

さて、ここで朝廷の強制力について考えてみよう。朝廷の下す決定。その決定の遵守を働きかける力が強制力であるが、わたしは乱前の朝廷の強制力は、観念的な「伝統のちから」と、物理的な「武力＝軍事力」が代表するように思う。

自然災害への対応や社会的難題への対処は王権の不断の課題であって、王は適切な判断を希求される。問題の本質を見抜けぬ拙劣な判断が下されれば、人々は一斉に不満の声を上げる。こうした「拙劣な判断」の典型例は、古今東西の通則では、王の「恣意」から生じることが多い。「説明責任を果たす必要などない。王であるわたしが言うのだから、いたずらに右顧左眄《うこさべん》せず、ただわたしに従え」。そうした性格の判断である。

王が発動する武力が強大であればあるほど、換言すれば強制力が強力になればなるほど、王が下す判断の中に「恣意」が占め得るスペースは大きくなっていく。受容する側の都合や状況などに拘束されない王の一方的な命令を、強制的に「上から押しつける」ことが可能になる。王の判断が適当か否か、評価できる者など同時代には存在しない。

後鳥羽上皇は、上皇個人のすぐれた資質を十二分に発揮して、専制的な朝廷運営を実現していった。組織的な合議ではなく、上皇一人の判断がすべてを定めるようになっていく。この動向と軌を一にするのは、上皇に忠実な武力編成の進化であった。有力御家人や新進の武士が上皇に仕え、新しい朝廷軍が形成されていく。優勢な強制力の存在が、上皇の恣意的な治世の実現を可能にしたのである。

武力放棄の院宣は、この状況下において、突然発せられた。王権は武力を永遠に失った。皇家に従属する武門は消滅したのである。それは権門体制の完全な破綻であり、朝廷の強制力の大幅な低下を意味していた。王権を維持するために、朝廷は武力に代わる新たな強制力を探さねばならない。もはや恣意の横行などは許されない。人々が納得できる判断や施策を、王は厳しく要求されるようになる。

とはいえ、朝廷がいかに新たな強制力を案出するにせよ、現実の暴力を武力を用いずに抑止することには、自ずと限界が生じる。京都周辺の大寺社の武力はいまだ健在であった。比叡山延暦寺、興福寺と春日社、また石清水八幡宮や賀茂社などは僧兵や神人を繰り出して互いに争い、朝廷への威嚇を止めなかった。彼らは自らが奉じる神や仏の優越を主張し、暴力行為を正当化する。これが「強訴《ごうそ》」である。

『沙汰未練書』という当時の訴訟の手引きは「強訴とは理不尽の訴訟なり」と簡潔に言い切っている。理不尽であり、理を尽くさない。道理に則るか道理に悖るかは、初めから問題ではない。人智を超えた神仏の意向に従うのだから、たかだか人間が定める理か非かの判断に拘泥しなくても構わない。この論理のもとに自らの行いを正当化し、顧みて恥じない。まことに厄介な行動が強訴であった。

強訴にさらされると、朝廷は懸命に説得を試みる。だが道理の価値を認めぬ寺社が、聞く耳をもつとは限らない。そんな時に朝廷がとり得る手段は、自前の軍事力が無くなってしまったので、幕府に頼るのみであった。朝廷の要請を受けた幕府は六波羅が統括する武士を動かし、僧兵や神人の鎮圧に乗り出す。さすがに武士たちの戦闘力は圧倒的で、示威活動を封じられた大寺社は、「道理に従い、話し合いを重視しよう」と呆れた負け惜しみを表明し、渋々矛を収める。暴力は否定され、日常が回復されるのである。

強訴は強烈であったが、それでは大寺社は朝廷を滅ぼそうとしていたのか。朝廷の運営に根本的な異議を申し立てようとしたのか。そうではないのだ。彼らは朝廷の改革や変化を望んでいるわけではなく、要するに「もっと分け前を寄こせ」というに過ぎない。大寺社は天皇や上皇や女院をスポンサーとし、彼らのために法会を営む。朝廷の年中行事に組み入れられ、形ばかり、当為の「鎮護国家」を祈るのである。その視野には、本来国家を下支えしていたはずの民庶のすがたはかけらもない。困窮する民衆を救済してやろう、という概念自体が存在しなかったのである。

大寺社の上級僧侶・神官は貴族出身者で占められ、俗界の秩序は僧界を包含していった。仏の前の平等を観念していた僧侶集団「僧伽《そうぎゃ》」はいち早く形骸化し、貴族の生活が寺院を舞台に再現された。さすがに女性は御法度であったが、その代わりには愛らしい稚児がいた。僧侶の社会は貴族社会ほどは閉鎖的ではなかったが、ここでも貴族出身者同士の「師弟の縁」や由緒が重んじられた。どれ程修行しても、すぐれた教説を展開しても、何の縁故も持たぬ者は指導的な立場には進めなかった。

高位の僧侶の人事権は、天皇が掌握していた。朝廷での重要な法事に参加すると僧位・僧官が昇進する仕組みになっていた。神官もまたこれに準じる。天皇（また実権を掌握する上皇）は僧侶・神職たちの王でもあった。多くの僧侶・神官を傅《かしず》かせ、多くの法会と神事を主催していたのである。承久の乱に敗北しても、天皇のこの役割は変化しなかった。それ故に、強訴に効果的に対処するためにも、天皇と上皇にとっては「祭祀王」としての振る舞いが、益々の重要性を帯びることになる。

伝統は崩壊し危機に瀕す王権　天皇は何故えらいか、と中世初頭の貴族に尋ねれば、「えらいから、えらいのだ」という答えが返されるだろう。それでもなお、しつこく根拠を問えば「昔からえらいから、えらいのだ」と若干の言葉が付け加えられるであろう。伝統が何よりも重んじられる当時にあっては、それで十分だったのである。

ところが、承久の乱の後に伝統は崩れ落ちた。絶対的な存在であるはずの治天の君が絶海の孤島に流されるのを、人々は目の当たりにした。天皇は退位を強要され、他の上皇や皇子も流された。上皇の側近として行政の中枢にいた廷臣たちは死刑に処せられた。こうした状況を目撃することは、当時の人にとっては鎌倉における幕府の成立などよりよほどショックであった。朝廷の価値観を共有しない野蛮な関東の武士により、天皇以下の「身体」が迫害され破壊される。かたちなき伝統や慣習も踏みにじられる。平清盛の台頭時から貴族たちが秘かに恐怖していたことが具現化したのである。

君臨すれども統治せず。英王室を評する言葉である。この表現を借りるなら、従来の朝廷は、まさに「君臨する」存在であった。だがいよいよ朝廷は、伝統に依拠して君臨することの限界を切実に感じざるを得ない。王と補佐役を強制的に切除される、激烈な痛みに打ち震えながら。伝家の宝刀である伝統を失った朝廷の指令は、もはや誰にも受容されない。行政サービスを怠っていては、支配者として機能し得ない。統治に励む必要性が、喫緊の課題として眼前に突きつけられたのである。

天皇はここで、いよいよ「当為の王」であることを止めざるを得ない。半ば蔑み、半ば怖れていた武士の勢力が、出自も定かでない北条氏に率いられ、支配のライバルとして挑戦してきたのだ。彼らは知的水準がいまだ十分でないことも作用し、律令に代表される古代以来の「朝廷的なるもの」を貴族と共有し得ない。それゆえに天皇を「かくあるべき」当為の王として認識しない。統治者としての身体を少しずつでも獲得していって、「実情の王」として歩まぬことには、天皇はもはや王たり得ない危機に瀕していた。この課題に直面し、対処の方途を模索していったのが、九条道家と後嵯峨上皇であった。

Ⅳ　ふたつの王権の優劣を考える

非常時に大事にされた道理　後鳥羽上皇の院政を継いだのは、上皇の兄の後高倉院であった。院は皇位に就いていなかったが、皇子の後堀河が天皇になったことで、政務の実権を握ったのである。ところが院は二年ほどで没してしまい、朝廷は院政を維持できなくなった。この非常時に朝政を担当したのが、鎌倉幕府四代将軍の頼経の父、九条道家であった。道家は娘を後堀河天皇の后として、外戚の地位を入手した。これ以降の摂政・関白の座は、道家自身と九条教実ら子息たち、聟《むこ》の近衛兼経に占められる。教実以下の背後には大殿と呼ばれた道家があり、彼は二〇年程の間、政権を主導する立場にあった。

朝廷は行き詰まっていた。「公事《くじ》が行われても、参加するべき官人はみな代理で済ませている」と綱紀は弛緩しきっていた（『寛喜三年一一月三日新制』）。税は京にもたらされず、「定めの通り上納されるのは、土地一〇〇町（約一〇〇ヘクタール）に対して稲五・六束にすぎない」（『頼資卿大嘗会雑事定記』）という体たらくで、「承久より以前は諸国で納税が欠けることなどなく、こんなありさまは思いもよらなかった」（『民経記』仁治三〔一二四二〕年二月一二日条）と嘆息が漏れたのである。

こうした事態に対処するため、道家は先ず記録所を復興した。実務に精通した下級官人を配置し、迅速で確実な事務処理を行わしめた。記録所はのちに院政が再開されると院の文殿に機能を移し、記録所の職員は文殿衆となった。また、道家は周囲に二条定高、平経高らの有能な中級実務貴族を集めた。彼らは日を定めて会合し、合議を経た上で道家の諮問に答え、朝廷を取り巻く様々な難問の解決策を勘案した。彼らは院評定衆に転身していく。第3章Iに記した評定衆と文殿衆は、直接には道家の代に準備されている。

一二三三（天福元）年、道家は施政方針を天皇に提出し、次のように強調している。「わたしはこれから『徳政』を展開していく。徳政とは、二つの方法から成っている。一つ。官人の登用・任官を適正に行い、適材を適所に配置することを心がける。二つ。

一により整備された官人組織を以て、世の人々の訴えによく耳を傾け、対応を定める。徳政の実施こそが世を紏す最も適当な対策である」(九条道家奏状)。

一つめの「官人の登用」は具体的にはどういうことか。もちろん民間から人材を募ることではあり得ず、あくまでも朝廷の中での話である。更には、たとえば中級実務貴族たちを大臣に据えるなど、あまりに過激な人事を強行しては貴族社会が成り立たないから、そんなことは行われなかった。中級貴族をメンバーとする政治顧問の精励、それに下級官人である記録所の職員の活躍を想起するならば、それは上級貴族の事実上の棚上げを意味していたのではないか。高位高官を占める上級貴族はひとまず差し措く。実務に堪能な中級・下級官人の働きによって、人々の求めに応じる行政府を作る。

朝廷とは本来、民庶に敬仰されるべきものであって、その救済に汲々とする必要はない。そうした「上からの」目線が、人々の訴えを「雑訴」と呼ばせた。だが、道家は雑訴への対応こそが重要だと言い切る。悠然たる君臨を旨としていた朝廷は、いまや統治に励もうとしていた。世のありさま、人々の生活、厳しい現実。本書の言葉でいえば「実情」に向き合い、能動的な行政を指向し始めたのである。

道家は合議を重んじた。話し合って、人々が納得できる裁定を形成する。このときとくに大事にされたのは、世の「道理」であった。裁定に「恣意」があってはならない。道理とは大多数が可とする原理である。それゆえに朝廷のわたくしの利を排して道理を追求すれば、人々の支持を受けることが可能になる。

幕府にすがるしかない　かかる全体の構図を一瞬にして崩壊させるもの。それが大寺社の強訴に代表される暴力であった。いかに理に適った裁定を工夫しても、声高に自己の利益を強請する暴力が発動すれば、努力は呆気なく水泡に帰す。強訴がいかに理不尽かつ身勝手であっても、軍事力を放棄した朝廷は対処のしようがない。そうした非常事態に直面したときに、朝廷が懸命にすがる方策は、幕府に頼ることだけであった。幕府の武力が暴力を沈黙させることにより、朝廷の機能は漸く回復したのである。

幕府と朝廷の関係をどう考えるか。朝廷には「関東申次」という職が置かれ、幕府との交渉、換言すると東西の外交を管掌した。こうした措置は他の公家・寺家・社家に対しては見られない。幕府が比叡山や伊勢神宮のような有力な一権門にすぎなければ、かかる特別な扱いは不要であった。幕府は明らかに単なる武力権門ではなく、朝廷と並ぶ王権として機能している。権門体制論が画に描いた餅に過ぎぬことは、承久の乱後にはとくに顕著であろう。東の鎌倉の幕府と、西の京の朝廷と。将軍と天皇と。鎌倉時代には二つの王権が並び立っていた。そう考えるのがもっとも自然であると思う。更に両者の関係は如何《いかに》、と踏み込んで考えてみれば、暴力に直面する朝廷には幕府の援助が不可欠である。この一事が決定的であるゆえに、幕府は朝廷に優越すると想定できる。

関東申次の任には親幕公卿の西園寺氏が一貫して任じられていたが、道家が政権を運営していた時期には、ほとんどその働きが見られない。代わりに活発に動いていたのが、西園寺公経《きんつね》の娘綸子《りんし》を正室とする道家その人であった。彼の母は源頼朝の姪（同母妹の娘）に当たる。そうしたわずかな血縁も関係してか、道家と綸子の子頼経は鎌倉に下向し、第四代将軍になっていた。この父子の血縁を活用し、道家は幕府との交渉を一手に掌握した。武力発動の要請は彼とその腹心の二条定高に依頼しないと実効性がなかった。「i外戚の地位。それに加えて、ii幕府との外交権」。この二つを手中にしていたために、廟堂における九条家の地位は、他家を圧していたのである。

天皇は幕府が決める　一二四二（仁治三）年、道家の娘（後堀河天皇の后。藻璧門院《そうへきもんいん》）を母とする一二歳の四条天皇が急逝した。子どももちろん同腹の弟もなかったので、道家一門の外戚の地位に揺らぎが生じ、政権運営に支障が生じかねなかった。道家は自らのイニシアチヴのもとに次代の天皇を擁立し、以て天皇の庇護者たるの地位を維持せんとした。彼の選択は順徳上皇の皇子、忠成王《ただなり》。佐渡に流された順徳上皇は後鳥羽上皇の正統な後継者であった。後鳥羽上皇をなお敬慕する貴族たちに異存はなく、即位は順調に実現するはずであった。だが、これに幕府が異議を申し立てる。

以下の展開はすでに他書で何度か紹介した。だが、ふたつの王権の相互関係は、この事件に最もよく見て取れる。どうしても必要なので、再び言及する。ご寛恕《かんじょ》願いたい。

後鳥羽上皇は既に隠岐島で亡くなっていた。だが幕府は、「東国に独立する武力」を許さない上皇の復活を極度に嫌悪した。忠成王の即位は後鳥羽本流への皇位の回帰を意味し、幕府討伐路線が息を吹き返しかねない。名執権と謳われた北条泰時は安達義景を使者に指名した。義景は妹を泰時の嫡子時氏（早世）に嫁がせており（二人の間の子が後の執権、時頼）、北条一門に準じる有力御家人であった。泰時は義景に下命する。朝廷が忠成王即位を強行するようなら、武力を用いて皇位から降ろし奉るべし。

義景が京都に到着すると、廷臣たちは道家の屋敷に参集する。ところが、いくら待っても、使者は人々の群がる道家の屋敷に現れない。義景は実は、土御門定通《さだみち》の屋敷に参向していたのである。定通は阿波国に流された土御門上皇の皇子、邦仁《くにひと》王の庇護者であった。幕府は同じ後鳥羽上皇の子息でも、幕府討伐に積極的でなく、傍流に位置づけられた土御門上皇を選択した。彼の皇子の登極を望んだのである。義景は邦仁王即位の祝いを恭しく申し述べる。その行為があくまで形式であることは、誰の目にも明らかである。幕府は義景を通して、次の天皇を指名しているに他ならない。

承久の乱直後に仲恭天皇を廃して後堀河天皇を立てた。忠成王ではなく邦仁王の登極を強引に促した。具体的にはこの二件しか確証はない。だが、乱後の皇位認定の権限が天皇にも治天の君にもなかったこと、最終的には幕府の手に握られていたことを、数少ないこれらの事例は端的に物語っている。この後も朝廷は一々皇位継承を幕府に相談し、報告する。幕府は「どうぞ朝廷のご決定どおりに」と答えている。だが、これは単なるセレモニーではなかったのだ。もし幕府の意に反する天皇が登場しようとすれば、幕府は兵を動かしてでも阻止する用意をしていたのだから。

征夷大将軍の官職は天皇が任命する。天皇位は将軍が与えるものではない。したがって天皇は将軍よりえらいのだ。そうした素朴な認識が、学界でもまかり通っていた（或いは、まかり通って「いる」）。天皇を一貫して日本の王と捉える見方も、あの権門体制論も、本質的にはこの一見常識とも思える論理に依拠している。だか本書をここまで読んで下さった読者であれば、反駁は容易であろう。それは「当為にすぎない」のだ。実情に目をやれば、全然違う様相が見えてくる。

天皇になるには幕府の承認が必要である。一方で、幕府の将軍はあくまで北条氏などの武士が決定する。天皇に干渉する権限などなく、征夷大将軍への任命は言われるままに行われる。幼い皇子を将軍に、と望まれれば鎌倉に下す。皇子＝将軍が成長して政治に関心を持つようになりました。色々と面倒なので将軍職を剝奪して京都に送還します、と通告されれば唯々諾々として受け入れる。これが実情である。形式ではなく内実を問おうとすれば、鎌倉の王が京都の王に従属していたとは、考えられないように思う。

とまれ、かくて邦仁王は皇位に昇り、後嵯峨天皇となった。面目を失ったとはいえ道家の権勢が直ちに否定されたわけではなく、朝政は彼の主導のもとに行われた。ただし、これ以前から、幕府は道家のあまりに大きくなった権力に警戒感を持っていた。このときに人々の眼前に明らかにされた道家と幕府の亀裂は、この後次第に深まっていく。

一二四六（寛元四）年、北条時頼が執権に就任すると、事態は一気に動いた。時頼は五月、北条本家のライバルである一門の名越家に攻勢をかけて勢力を削ぎ、七月に同家の後ろ盾となっていた前将軍（大殿と尊称されていた）頼経を京都に強制的に送り返した。するとき京都では道家が謀反を企てているという噂が沸き起こった。道家は北条本家を討とうとしている、忠成王を皇位につけようとしている、というのである。

道家はたしかにそうした意図を持っていたようであるが、時頼はこの噂を根拠として、道家の追い落としに向かう。八月、道家は関東申次からの更迭を予告される。幕府との外交権の独占を政治力の根拠としていた道家にとり、それはそのまま、朝廷内での卓越した地位の喪失を意味していた。幕府は同時に上皇となっていた後嵯峨を政権の首班に指名、政務を総覧する治天の君がしばらくぶりに復活する。

幕府は後嵯峨上皇に呼びかける。「器量ある廷臣を抜擢して用い」、「ことに徳政を行わるべし」。それは、道家が整備した徳政の路線を、彼に代わって主導せよ、ということである。東の王から西の王への「勧告」、より本質的には「命令」であった。一〇月、道家罷免が実現し、九条家一門は失脚した。上皇はこれに呼応して院政を開始する。

後嵯峨上皇は評定衆を編成し、雑訴に対応させた。院の書庫である文殿を整備して記録所の機能を移し、文殿衆を置いた。同じ院政といっても、後鳥羽上皇までの院政は治天の君の専制であったが、後嵯峨上皇以後の院政は合議を重んじ、システマティックな運営が心がけられた。鎌倉時代末まで、歴代の治天の君たちはかつてないほどに学問に励み、真摯に行政に取り組んだ。「お気に入り」は排された。中級実務貴族から有能な者が選任され、上皇の補佐にあたった。内容が大きく異なっているので、後鳥羽上皇までの院政を「前期院政」、後嵯峨上皇からの院政を「後期院政」と呼んで区別する。

幕府と協力し、連携すること。後嵯峨上皇はこの方針を強く打ち出した。上皇の第一皇子である宗尊《むねたか》親王が第六代の将軍として鎌倉に下向した。関東と京の連絡にあたる関東申次は西園寺氏が世襲することになるが、同氏からは皇妃も立ち、廷臣中で随一の繁栄を示した。関東との良好な関係が目標にされたので、朝廷が有していた豊富な情報は少しずつではあるが、着実に幕府に教示され、浸透していった。その成果として、幕府が標榜し始める「撫民」を挙げることができる。

元来は粗暴であった武士は、朝廷に学びながら、徐々に自己革新を遂行していった。北条泰時の時期には武士にとって初の成文法「御成敗式目」が定められ、法に則した裁判や行政がなされるようになった。つづく時頼の時期には、幾度も「民をいつくしめ」という命令が御家人たちに下される。則ち「撫民」である。民衆は税や労働力を提供させる存在から、よりよく統治すべき対象へと変わっていった。こうした幕府の変化が実現した条件としては、朝廷からの様々な情報の移入を想定しなくてはならない。朝廷の徳政と幕府の撫民。京都と関東のふたつの王権は手を携えて、統治に努力し始めたのである。天皇はこの意味で、「情報の王」として機能し続けていたといえよう。

本章の論旨をまとめてみる。承久の乱に敗北した後、天皇は君臨を旨とする「当為の王」ではあり得なくなった。そのために統治に能動的に取り組む「実情の王」であろうと、雑訴を興行（盛んに行なう）し、徳政を開始する。軍事力を廃棄したために朝廷は幕府に対して基本的に劣位にあるが、天皇が「情報の王」として機能することによって、武士たちを教導する側面を依然として保持していた。また、天台・真言の旧仏教と日本古来の神々の宗教世界にあっては、天皇は「祭祀王」として振る舞っている。

第6章　実情の王として統治を目指す天皇

Ⅰ　九条道家が目指した徳政

「もとに戻す」のが徳の本質　かの有名な永仁の徳政令は、「土地を無償で返す」ことを命令しているが、幕府自身はこの法令を、一度も「徳政令」とは呼んでいない。ところが社会の側が、立法後わずか二〇日の後に「関東御徳政」の名称を用いた。第1章Ⅱでも言及した笠松宏至は折口信夫の論に言及しながらいう。「徳政」の本質は「復活」にある。徳政とは、あるものをその本来の姿、あるべき姿に復する政治である、と。それゆえに土地を以前の所有者に返却する命令が、広く「徳政令」と受け止められたのだ。

「徳」に「もとに戻す」意味があるのだとすると、直ちに想起する事例がある。それは天皇の諡号《しごう》である。ご存知と思うが、天皇の名称は、その天皇の没後に定められる。「おくりな」を「諡号」というが、これにはその天皇を顕彰する意図をもつ狭義の「諡号」と、居処の名や関係深い土地の名にちなんだ「追号《ついごう》」がある。前者の事例には天武・桓武などがあり、後者の例は白河・鳥羽などである。

一一七七（治承元）年、平家追討の謀議が後白河上皇を中心として企まれた。ところがこれが外に洩れ、平清盛による廷臣の断罪が行なわれた。二年後の平家のクーデターの伏線となる鹿ヶ谷事件である。世情は騒然となったが、その内に保元の乱の敗者の怨念をいう者があったらしい。朝廷はこの乱で敗死した藤原頼長に正一位太政大臣を贈るとともに、先に配流先の讃岐国で亡くなった讃岐院に、遅まきながら諡号を奉じた。平安時代初め、淡路に流される途中に没した早良《さわら》親王の号「崇道《すどう》」にならい、崇徳《すとく》という。

一二三九（延応元）年、九条道家は奇特を感じたとして、三ヶ月前に配所で没した隠岐院に諡号を定め奉じた。崇徳の例にならい、顕徳という。直接の勘申者は道家のブレーン、碩学《せきがく》の誉れ高い菅原為長であった。ところが三年後に執権北条泰時が没すると、朝廷は幕府の凶事を憚るかのように、顕徳の改号を図った。天皇号の変更など前代未聞で、為長をはじめとして反対意見もあったが、前章Ⅳで登場した前内大臣の土御門定通の強い主張により、後鳥羽と追号すること、顕徳の号を秘して用いぬことが定められた。

この年は後嵯峨天皇が即位した年であり、定通は不遇時代の天皇の庇護者であったので、新しい権勢者として台頭したのである。時を同じくして後鳥羽上皇の山陵・国忌についても議論があった。上皇の隠岐島の墓所と命日を朝廷の正式なお祀りの対象とするか否かが検討されたのであり、定通の意向によって、ともに祀らないことに決した。定通の後鳥羽上皇への態度はこれにより明白であり、改号の件も同様の指向性をもって解釈できるだろう。彼は上皇を忌避していたのだ。

崇徳天皇・顕徳天皇の二例に同時期の安徳と順徳を併せ考えてみよう。安徳天皇は平家と壇ノ浦に沈んだ。順徳天皇は承久の乱後に佐渡島に流されて没した。どうやら当時、京を離れて無念のうちに没した天皇に対し、「徳」の字を奉じることが行なわれたようだ。ではそれは何を意味したのか。過去の事例を何より重んじる朝廷での事象だから、崇徳に始まる先例を逐った結果であると、穏便に解釈しておくのが適当かもしれない。だがそれでは、わざわざ顕徳の号を改めたことに、十分な説明が付せない。

そこで笠松の「徳」の解釈である。徳とは、もとに戻す、の意を内包している。そうであれば、貴族たちは一種の鎮魂の方法として、「徳」の名を奉ったのではないか。本来の居所から引き離され、怨みを抱いて亡くなった天皇たち。身はおいたわしいことに文化の届かぬ辺境に朽ちてしまったけれども、どうか魂は懐かしい京都にお帰り下さい。そうした願いが込められているのではないか。

承久の乱の勝者である北条泰時の死は、隠岐に没した顕徳院の無念を都の人士に想起させたのではないか。京都での幕府勢力の統括者は、泰時の弟、北条重時であった。重時の同母の妹は定通の妻になっており、重時と定通は緊密に連絡を取り合える仲であった。二人は幕府の怨敵ともいうべき顕徳院を忌み、道家らの反発を抑え、前代未聞の改号を企図したのであろう。改号事件の本質は、顕徳院の諡号から徳の字を削除することにあった。幕府討滅を熱望する魂が、京都に帰ってこられては甚だ迷惑なのである。

愛する源義経と別離し、鎌倉に囚われの身となった静御前は鶴岡八幡宮寺で舞う。

しづやしづ　しづのをだまきくり返し　昔を今になすよしもがな

静御前は不可能と知りつつ、昔を取り戻す方法があればなあ、と唱う。「徳」とはまさに、そうした願いをこめた言葉であった。過去を仰ぎ見る。中世において、栄華は常に過去に存在するのだ。あるいは畏友新田一郎が言うように、むかしを栄光の時代と認識して想い起こすようになったその時に、中世という時代が始まったのかもしれない。

徳のそうした意味を踏まえて、それでは九条道家が推進しようとした「徳政」をどう解釈すればいいのだろう。というのは、道家こそは、自ら積極的に「徳政を実施しよう」と主張した為政者であったから。

国を治めるのは法か徳か　徳政という語彙自体に、先ずは注目してみよう。徳政とは本来、儒学にいう有徳の政治である。諸橋轍次『大漢和辞典』を見ても「めぐみ深いまつりごと。仁徳の政」とある。この意味を踏まえ、徳治という言葉を連想してみたい。

徳治を『大漢和辞典』で引くと、端的に「徳政を以て民を治める」とある。両者が類義語であることは確実である。ただし儒教の書物が言及することが多いのは徳政よりも徳治の方であり、この点で中国と日本とは若干事情が異なっているようだ。ちなみに鎌倉時代後期、一三〇六〜〇八年に徳治という年号がある。これは菅原在嗣が『春秋左氏伝（以下左伝という）』の僖公《きこう》二三年「能敬必有徳。徳以治民」などを根拠に勘申したものである。

『大漢和辞典』は徳治主義という言葉を取り上げ、解説する。「為政者が、徳を以て世を治めようとする主義。為政者が命令を下さなくとも、人々が自然に其の徳に感化せられ、悪を去って善に移り、世が平和になること、即ち無為にして治まることを其の理想とする。……法家の法治主義と対蹠的な政治思想である」。法治主義は同書によれば「刑名・法術を以て政治の基調とする主義」であり「道徳を斥け、礼楽を廃し、法律によって人民を統治しようとするもの」であった。すなわち、徳治と法治とは対をなす概念であった。儒家の徳治と法家の法治は、対比されながら、各々の特性をより明らかにしていく。左伝から二つの説話を引用してみる。

春秋時代、強国の晋と楚に挟まれた地域に鄭国があった。同国の宰相子産《しさん》は法治を推し進め、両大国の圧迫をうける鄭の国力の拡充を図った。その過程で法律の条文を鋳込んだ鼎《かなえ》（三本足の青銅器）、法鼎《ほうてい》がつくられて人々に示された。紙がまだ存在しない時代なので、こうした方法が採られたのである。中国史上初めて、成文法が公開された例という。昭公六年、鄭の簡公一二年のことである。

これに対し晋の大夫叔向《しゅくきょう》は手厳しく批判する。徳を手本とすれば、刑法など必要ないのに。法を定めれば、民は礼にしたがわず法を拠り所とし、為政者を畏れなくなる。法文の解釈をめぐっては様々な説が生まれ、それを利用しての犯罪が起きる。これでは国は治まらない。亡国の際には法が多くなるというが、鄭はまさにそれだ。

ところが二三年後、今度は晋に、法鼎と同じく刑鼎が出現する。刑罰についての法律が鋳込まれ、公開された。孔子はこれを批判していう。晋は亡びるだろう。晋の民は礼儀を捨てて、刑鼎だけを拠り所とするからだ。為政者は全く貴ばれず、上下の秩序は崩壊する。何を以て国を治めていくのか。

どちらの例も、法を明らかにして国を治めようとすると、法を否定し徳に帰ることが主張される。法か徳か、この命題は左伝のいたるところに見られる。春秋また戦国時代には、法治と徳治がせめぎあっていたといえよう。よく知られるように、やがて西方の秦が商鞅《しょうおう》ら法家をさかんに登用して法治を徹底し、強大になって全国を統一する。

右の意訳は、鎌田正『春秋左氏伝』（新釈漢文大系三〇、明治書院）を基準にしている。左伝の底本として広く用いられているのは宋本の系統であるが、右の書はより古い唐本の様子を伝える書陵部所蔵『春秋経伝集解本』三〇巻を用いている。この巻子本《かんすぼん》はもと金沢文庫本で、北条一族の金沢実時の子篤時が清原直隆・俊隆の教えをうける際に書写したものであり、朝廷の下級官人であった清原家代々の左伝解釈を伝えている。

同本の奥書によれば、現代にまで受け継がれる精緻な左伝訓読を確立したのは、平安時代末に外記として活躍した清原頼業《よりなり》であるという。彼は当時の代表的な学者であり、とくに左伝の解釈に情熱を傾けていた。有名な九条兼実は頼業に学び、子どもたちの教導を依頼している。兼実の孫が道家であり、彼は兼実を敬慕し、その政治手法をよく学んでいる。道家も左伝を精読していた可能性がきわめて高い。先述した菅原為長は頼業亡き後に九条家の学問の師範となっているから、その教えを受けたのではないか。

Ⅱ　新しい天皇のあるべき姿

法に拠る幕府と道理を求める朝廷　九条道家は徳政を推進するにあたり、人材の登用とともに、雑訴の興行を政策の柱とした。訴訟に前向きに取り組もうと表明し、かつ実施したのである。このとき訴訟はどのように裁定されたか。

訴訟にはあい争う甲と乙がいて、裁定を下す者がいる。「甲の主張は理に適っている」とか「乙の行動は誤っている」などの裁きはどのようにして下されるのか。おおよそ次の二通りに分類できるように思う。

A　法に準拠するタイプ

裁定者は自らがもつ法規範（成文法と過去の判例など）に照らし合わせ、判決を下していく。

B　法に拠らないタイプ

成文法や判例ではなく、社会が共有する通念や常識に準拠して、判決を下す。

二つのタイプを設定してみたときに、幕府の裁定はどちらに当てはめることができるだろうか。幕府は御成敗式目を制定し、それを明示して訴訟を行なう。御家人と貴族が争い、御家人の側が式目を踏み外している、と立証されたとしよう。すると注目すべきことに、幕府は身内である武士に、容赦なく敗訴の裁決を下している。式目に違反することは許さない。幕府の姿勢は揺るがない。幕府の選択した方法は、A型である。

これに対して、朝廷はどうであるか。朝廷の法といえばもちろん律令である。中世の朝廷で律令に精通していた人々は、明法家《みょうぼうか》と呼ばれた下級官人たちであった。彼らは中原氏を姓として、律令を研究する「明法道」という学問を家業とする。官職は大少の判事、明法博士などに就任する。ただし官位は先述した通り、六位止まりが原則で出世は望めない。中原（別系統）氏・清原氏・小槻氏らとともに文殿衆を形成し、朝廷訴訟に関与した。また、明法官人はすぐれた律令学者として、個人的に貴族などの諮問に応じることもあった。

文殿衆の治天の君への答申、加えて明法官人の個人的な答申とを調べたところ、興味深い結果となった。明法官人が貴族や大寺社のプライヴェートな質問を受けたとき、彼は律令を根拠として応答する。ところが文殿衆として、朝廷の裁判を担当するに際しては、律令に依拠することが全くないのだ。今に伝わる文殿衆の精緻な意見状、そのどの部分にも律令は引用されていない。

では何が朝廷の判断の根拠になるか。それは例えば、原告の主張と行為は首尾一貫していないであるとか、被告が提出した証拠文書はこれこれの理由で偽文書である可能性が高い、等々である。要するに、論理の整合性が重視されるのだ。係争する甲と乙、どちらの主張により合理性があるか、説得力があるか。それが裁定の如何を決める。言い換えるなら朝廷の判決は、当時の人々を納得させ得る「道理」に基づいているに他ならない。

明法官人が律令を忘れてしまったわけではない。貴族・大寺社への意見状のうち、八割ほどには律令が明瞭に引用される。自分が訴訟の当事者でないなら、裁定に責任をとらずにすむなら、いくらでも律令を持ち出せるのである。それなのに、自らが文殿衆として務めを果たすべき朝廷の裁判となると、急に律令を顧みなくなる。彼らは明らかに、意識的に律令を忌避している。

九条道家は「朝廷の訴訟決断のこと。理非を明らかにすることは、統治の中核となるべき作業である。とくに努力して、道理を求めるべきである。大事なことは文殿衆に考えさせるべし。小事は評定衆に評議させるべし」（九条道家奏状）と言明する。「理非の決断には道理を求めよ」というが、理非の裁定を下す根拠に据えられるのは、朝廷の成文法たる律令ではない。ものの道理であり、社会の通念なのだ。つまり朝廷にあっては、B型の裁定が下されているのである。

実情を反映した徳政で復活を図る　幕府の裁定はA型であった。朝廷はB型であった。それにしても同じ時代の統治機構が、なぜ異なるタイプの裁定を下したか。それは強制力の相違だと考える。幕府には、豊かな軍事力があった。だが朝廷は、伝統を失い、軍事力を保有できなくなった。

こうした考えを述べたとき、それだけ十分な強制力があるのなら、どうして幕府は身内である御家人に敗訴を言い渡すのか、幕府はなぜもっとほしいままに振る舞わなかったか、と厳しく問い質された。幕府の行動には著しい制約が見られるのだから、その強制力は実はさほど盛強ではなかったのではないか、と。

簡潔にまとめると、おそらく幕府は誠実な統治に覚醒し始めたのだろう、というのがわたしの答えである。無知な武士たちは朝廷に蓄積・保存されてきた情報、理念や典籍から統治のありようを学習していく。それにつれ幕府は、明瞭な基準にしたがう理非の決定、法に則して理非を勘案する客観的な姿勢が、公平な統治に必須であることを体得していく。目先は自己の損失になろうともコンプライアンス（法令遵守の精神）を高く掲げ、人々に幕府の公平性を訴える。それにより関東の一政権から、公的な権力へ進化しようとしたのである。

もちろんそうではなく、あくまで武士だけの利益を追求しようとする勢力もあった。モンゴル来襲時になると経済的に困窮する御家人が増えたため、ともかくも武士階層を救おう、と訴える声は大きくなった。公平性か、武士優先か。幕府内にはことごとに対立する二つの大きな潮流が生まれ、それはやがて鎌倉を二分しての内戦、一二八五（弘安八）年の霜月騒動へと繋がっていく。

ともあれ幕府だからこそ、A型を選択できた。法に照らして理非を定める。裁定を守らなければ、最終局面では軍事力が脅威となる。きわめてシンプルな方法である。ところが朝廷はそういかない。理非を定めたところで、それを争う甲と乙が受容しなければ、強制する物理的な力を持っていない。とくに訴訟の敗者をどう納得させるか。

朝廷はその答えとして、甲と乙を取り巻く環境全体に呼びかける。その場に生活する人々みなに甲の落ち度、敗訴を明らかにし、納得してもらう。それによって実力にまさる甲がうでずく、ちからずくで不当な権益を貪る事態をできるだけ妨げる。誰もが首肯しうる、つまりは世の中の道理にしたがって、B型の裁定を下さざるを得なかった。

こう考えてくると、左伝が描写する徳と法との対比に思い至る。法を明示できない九条道家は、社会の道理を探求することにより、理非を裁定しようとした。これを本書の言葉で言うならば、たてまえである「当為」ではなく、「実情」を見ようとした。いま社会はどうなっているのかを凝視したのである。それが彼の「徳政」であり「徳治」であった。「法政・法治」は実現が難しい故に、選択し得なかったのである。

天皇はもはや「当為の王」としては君臨できない。当為の律令ももう役立たない。人々の連関や世の趨勢を注視し、認識する。その上で感得した社会通念を後追いで認証する作業を通じ、裁定者たるの実を示す。道家の徳政は、「実情の王」に変貌しようとする新しい天皇のありようを反映していた。

A型は社会に対して裁定者の意思を厳然と示すことができる。だがB型は世の動向に追従しなくてはならない。そうであれば東と西、ふたつの王権のうちのどちらが真の時代の担い手であったか、答えは明らかであろう。幕府は歴史の動向を創造することができた。だが、それは朝廷には不可能であった。この意味で、幕府と武士勢力を重視する明治以来の歴史観は決して誤っていない。

それでも朝廷は、原理的に幕府に後れを取るにせよ、実情を重んじて訴訟の実を挙げ、一歩ずつ成果を蓄積していく。恣意を排して合理的な判断を形成し、社会の信用を獲得する。かかる行為を通じ、伝統的勢力の頂点たる位置をしっかりと確保し、過去の栄光の再現を図る。「昔を今になすよしもがな」。それが道家の「あるべき姿を取り戻す」政治、「徳政」であった。復活を本質とする徳政と、徳治を本質とする徳政は、朝廷という場で不可分な連携を形成した。徳政は朝廷の方法であり、目的でもあったのだ。

九条道家のあり方は一定の評価を得て、その政権は長期にわたる。だが先述の如くにやがて彼は幕府の手で排除され、徳政は政治的にはライバルであった後嵯峨上皇に継承される。上皇は徳政の新たな推進者となり、実情の王として機能していくのである。

Ⅲ　両統迭立期の朝廷の構造

無理がある「西園寺家史観」　新たなスタイルの院政を開始した後嵯峨上皇はよくその任を全うし、後代から「聖主」とまで称された。その施政は「聖代」とされ、後の規範となった。上皇が没すると、二人の皇子のうち、どちらを治天の君とするかが問題になった。兄が後深草上皇、弟が亀山天皇である。二人の母である大宮院（西園寺実氏《さねうじ》の娘、藤原姞子《きっし》）は亡き上皇の遺志は亀山にありとして幕府に通達、幕府は今度は「朝廷のお考え通りに」と返答してきた。かくて亀山天皇の施政が開始される。このときは大宮院の計らいによって深刻な騒動にならずに済んだかたちだが、やがてこの二人の兄弟から二つの皇統が生まれる（図8参照）。後深草上皇の子や孫は持明院統を形成し、亀山天皇の血筋は大覚寺統となって、おおよそ交互に皇位に就いたのである。これを両統の迭立《てつりつ》と呼び、持明院統は京都の北朝に、大覚寺統は吉野の南朝に連なっていく。

両統迭立期の天皇や朝廷については、研究の蓄積があまりにも少ない。政権の構造を示す試みがなされなかったのだ。ただ一つあるのは、いわば「西園寺家史観」とでもいうべきものである。前章Ⅳで言及した九条道家は、「.i外戚の地位。ii幕府との外交権」を根拠に政権を維持したが、関東申次の役職を独占した西園寺家も幕府との交渉権を保持し、娘を天皇の後宮に配した。この史実を強調して朝政の中枢に西園寺氏を位置づけ、朝廷の動静を常に同氏と関連づけて捉えようとするものである。

西園寺氏は富裕を誇っていた。たとえば西園寺公経は南宋と交易し、一〇万貫（一〇〇億円程）もの銭貨を得て、皇帝から言葉を話す鳥一羽、水牛一頭ほかの種々の珍宝を下賜されたという。豪奢な北山邸はのちに足利将軍家に受け継がれ、金閣寺が建てられる。だが、富裕であることと施政の主体であることとは、当然ながら同義ではない。

図8　天皇系図

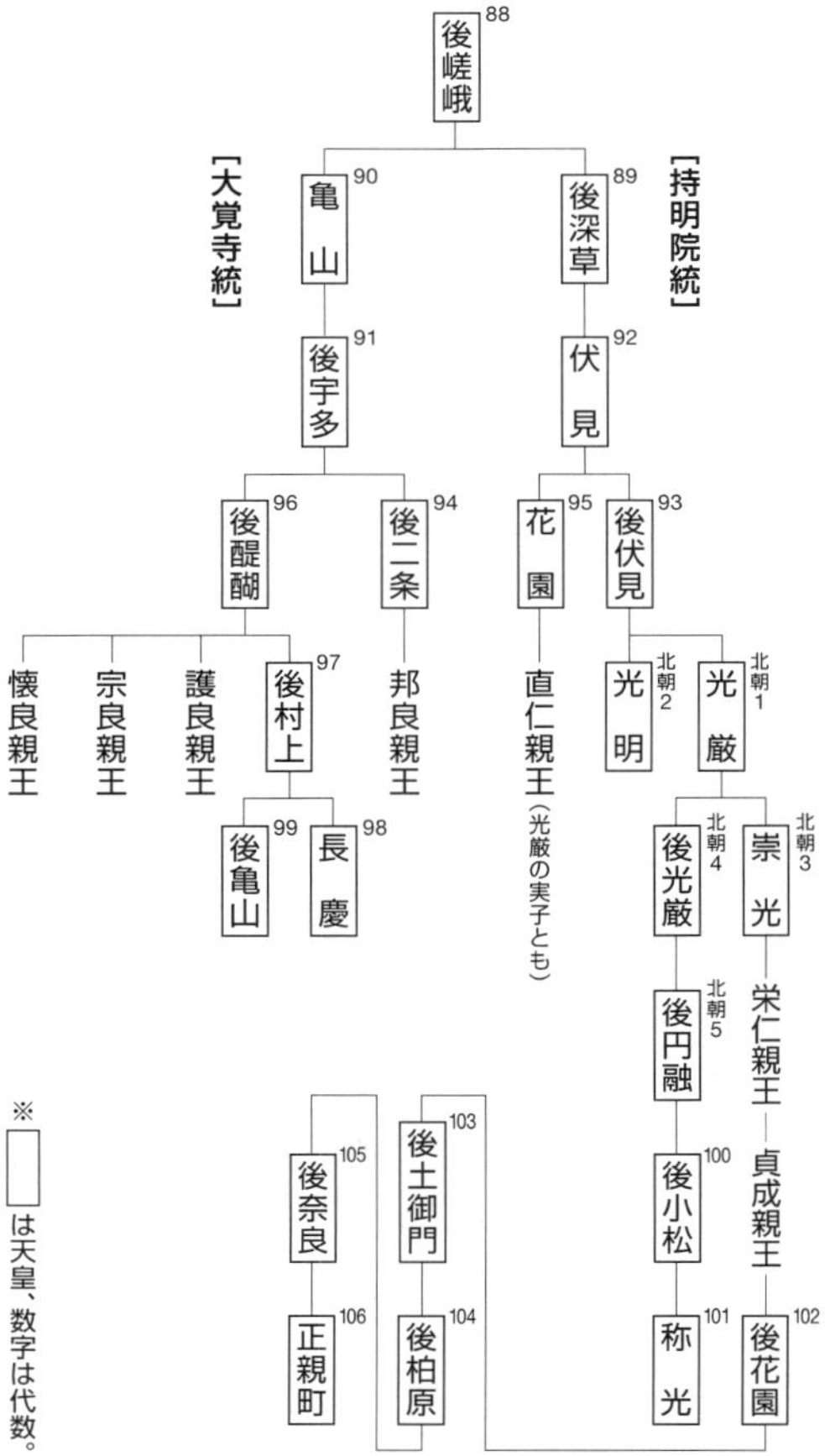

後嵯峨 88
【大覚寺統】
【持明院統】
亀山 90
後深草 89
後宇多 91
伏見 92
後醍醐 96
後二条 94
花園 95
後伏見 93
懐良親王
宗良親王
護良親王
後村上 97
邦良親王
直仁親王（光厳の実子とも）
光明 北朝2
光厳 北朝1
後亀山 99
長慶 98
後光厳 北朝4
崇光 北朝3
後円融 北朝5
栄仁親王
貞成親王
後奈良 105
後土御門 103
後小松 100
正親町 106
後柏原 104
称光 101
後花園 102

※□は天皇、数字は代数。

西園寺公経の子、実氏の娘である大宮院は後嵯峨天皇の中宮となって、後深草と亀山の二人の天皇の母となった。西園寺公衡《きんひら》の娘である広義門院《こうぎもんいん》（藤原寧子《ねいし》）は後伏見天皇の女御となって、光厳《こうごん》と光明《こうみょう》の二人の天皇の母となり、南北朝時代にきわめて大切な役割を果たした（8章Ⅰで後述）。始まりと終わりの事例が目立つので誤って認識されるかもしれないが、実はこの間の両統迭立期には西園寺氏の女性は、代々の天皇の后妃となっても、一人として次代の天皇を生んでいない。これではｉ外戚の家とはいえまい。

さらに注目すべきはⅱであって、幕府との交渉ルートには、西園寺氏を経由しないものが厳然として存在した。則ち、天皇や上皇自らが直接に幕府とコンタクトをとることが行われていたのである。皇位継承や将軍選定などの最重要な事項はこちらの形式で、西園寺氏の意向を介在させることなく、意思の疎通が図られている。朝廷の政務の頂点に西園寺家を設定することは、ⅱの点からも無理がある。

この点を踏まえて、わたしがいま学界に提起している両統迭立期の朝廷の構造とは、「①上皇（治天の君）と廷臣による雑訴の興行。②上皇（治天の君）による幕府との交渉」の二点である。上皇は「実情の王」であろうとし、社会の要望に応えるため、中級実務貴族と下級官人を率いて統治に取り組む。また、その成果に依拠して、幕府との交渉に臨むのである。このとき、上皇と幕府の間には、中御門経任や吉田定房など、その時期の中級実務貴族の第一席が立って連絡を取りまとめていた。

皇統を二つ用意した幕府の狙い　幕府の側も、常に一定の態度で朝廷に向き合っていたわけではない。わたしは最近になって改めてそのことに気付き、整理に成功したつもりでいるのだが、先に述べたように、幕府内部には公平性重視と武士優先の二通りの考え方があり、この二つがそれぞれに朝廷への視座を有していた。

一つは法に則っての公平性を大切にし、統治行為を進展しようとする勢力で、こちらは朝廷を統治のパートナーと認識する。東の王権である幕府は主に東国を管轄する。西の統治に関しては、訴訟のありようを教えてくれた先達たる朝廷に、積極的な分掌を期待する。それゆえ天皇・上皇が実情の王であろうとする努力も歓迎し、それを援助しさえする。

当時の日本は、二度にわたるモンゴルの来襲という試練を迎え、一つの国家であることの自覚をもち始めていた。多くの人々はいまだに地域に即して生活をしていて、自らが日本人であることなど念頭になかったと思われるが、少なくとも幕府と朝廷の為政者は、日本全域が力を合わせる必要性に目覚めつつあった。かかる情勢と危機意識は、朝廷は統治のパートナーとの認識を力づけたことであろう。

ところが一方で、朝廷をあくまでもライバルと見なす勢力があった。武士階層の利益確保を、何より優先しようとする人々である。天皇・上皇が実情の王として成長してくれば、やがて後鳥羽上皇のように幕府の打倒へと傾斜するかもしれない。朝廷の勢力は事あるごとに削いでおくこそ望ましく、援助の必要はない。幕府の使命は御家人の利益を守ることにあり、その増進を阻害する朝廷・貴族・寺社はあくまでも敵対者である。日本全体の円滑な統治など、目的たり得ない。

こうした考え方に基づく人々が幕府の実権を握っていたためであろう、一二七五（建治元）年、後深草上皇の皇子の熙仁《ひろひと》親王が幕府の推挙により、突如として皇太子に立った。このことは近い将来、後深草上皇の系統に皇位が移ることを意味していたから、後宇多に皇位を譲って院政を展開していた亀山上皇にとっては、政治的に計り知れぬダメージとなった。皇統が一つであれば皇位継承は従来通り行われる。皇統を二つ用意して相対化し、皇位認定の権限を掌中に収める。それが幕府の狙いだったと思われる。

皇位を巡る争いはいつの時代にもあるが、それはそう長くは続かない。皇位継承に関しては通常は天皇が絶対であり、抗争を経たにせよ実権力をもつ新天皇がひとたび皇位に就くや、問題はほとんど解決されるからである。ところが鎌倉時代から南北朝時代にかけて、皇統は一〇〇年以上の長きにわたって分裂する。なぜか。それは天皇に次なる皇位の指名権がないためであろう。これほど長期間、システマティックに皇統が分立し、迭立のルールが守られたことは、皇位について天皇以上の発言力を保持する存在を想定しなくては説明が付かない。もちろん、それは幕府であり、武家勢力であった。

天皇を自統から出すことは、朝廷の主宰者たる治天の君の座を確保するに等しい。熙仁親王はやがて伏見天皇・上皇となるが、ある時に幕府への叛意を噂され、懸命に弁明する。「わたしは建治年間に皇太子になり、弘安年間に即位した。これはすべて幕府の援助によるものである。わたしはこれ以上ない貴い地位に就いたが、この『芳恩』を受けながら、どうして幕府に謀反の心を抱こうか（『砂巖』）」。謀反とは臣下が天皇に向けてする行動であるから、天皇が幕府に謀反する、という当時の表現がまず奇妙である。幕府が天皇に「芳恩」を授ける、というに至っては、天皇は幕府の家来扱いである。

そんな屈辱を嘗めながらも、ぜひ次の天皇をわが皇統から、上皇たちはそう願って幕府に懸命に働きかけた。伏見上皇のライバル、後宇多上皇の近臣六条有房などは、大納言の要職にありながら、毎年のように鎌倉に下向している。複数いる上皇がそれぞれの特使を鎌倉に急派するさまは、世の人に「競馬」と嘲笑された。むろん、かかる緊急時に、西園寺氏の出る幕はなかった。

正統は大覚寺統か？　幕府の許諾を獲得して子や弟を皇位に就けた上皇が、治天の君として統治を担う。前述の②（幕府との交渉）を円滑に行うことによって、それに依拠して①（雑訴の興行）を実現するのである。そこで、両統の性格を分析するために、わたしは伝奏《てんそう》の補任状況に注目してみた。伝奏は先述のように、上皇のもっとも身近に仕える、中級実務貴族の第一人者たちである。すると、興味深いことが判明した。後嵯峨上皇の院政を継いだ亀山上皇の伝奏は

中御門経任・源雅言《まさこと》・日野資宣《すけのぶ》・葉室頼親・吉田経長・冷泉経頼。

詳述しないが、錚々たる顔ぶれである。

亀山上皇の兄の後深草上皇は幕府の援助を取りつけ、いよいよ一二八七（弘安一〇）年に熙仁親王を伏見天皇として即位させ、念願の治天の君の座に就いた。この時の伝奏は、

中御門経任・源雅言・平時継・平忠世《ただよ》。

時継と忠世は親子で、不遇時代から後深草上皇に奉仕していた。父祖は朝務に参画して

おらず、彼らも行政に従事した経験を持たない。手腕のほどは未知数である。経任と雅言は引き続いての任用であるが、吉田経長は異母兄である経任を「亀山上皇にあれだけ重く用いられたのだから、当然一線を退き、伝奏になるべきではない」と手厳しく批判している。雅言も同様の非難を浴びたことだろう。

念願叶い、いざ実情の王として統治に励もうとしたときに、どうやら後深草上皇は然るべき人材を確保できなかったようだ。中級実務貴族層を掌握しきれていないように思える。この傾向はしばらく続き、伏見天皇が院政を開始する頃になって、ようやく伝奏の顔ぶれが充実していく。

大覚寺統にはこの皇統のみに忠節を尽くす人が多い。統首が落髪するのに忠実に供をし、代々の当主が出家している北畠家などはその好例である。けれども持明院統にはそうした人や家はなかなか見あたらない。唯一の例外が日野家であって、この家の当主は一心に持明院統と北朝に奉仕し、やがて足利将軍家と密接に結びついていく。ともあれ、政務を管掌する人材を比べると、大覚寺統が優位にあることを認めざるを得ない。当時の廷臣たちの目には、大覚寺統こそが皇家の正統と映っていたのだろうか。

上皇が実情の王として機能する「後期院政」を軌道に乗せた後嵯峨・亀山上皇の目に

は幕府の信頼厚い西園寺家は、政務運営の競争者として映ったようである。同家のうちでもっとも強権を振るった、と先の「西園寺家史観」が強調する西園寺実兼《さねかね》の官歴を辿《たど》ると、他の当主に比して思いのほか出世が遅いのに気付く。時は亀山院政下であり、上皇の圧力があったのだろう。

実兼の子の公衡は亀山の子の後宇多上皇と衝突し、知行国を没収され、代々の当主のうち一人だけ太政大臣に進めなかった。上皇は西園寺家の娘を後宮に迎えることも拒否しており、皇子の後二条天皇もそれに倣った。西園寺家は必然的に持明院統の方に接近し、娘を配して、これを支えた。実務貴族の編成に手間取っていた持明院統の上皇にとって、同家の富と政治力はたいへんな助けとなった。従来は朝廷の主宰者のように評価されていた西園寺家は、持明院統の重臣と位置づけるべきである。

鎌倉幕府の第八・九代将軍は持明院統から来ている。煕仁親王の立太子は持明院統の成立に直結しているが、その実現には幕府の後援があった。廷臣たちは大覚寺統を正統と見なしているらしい。親幕派の代表である西園寺家は、持明院統の重臣と考えるべきだ。これらのことからすると、持明院統は幕府の援助を受けて、なんとか皇統を維持していたと考えられまいか。そう推測することは、両統の迭立は幕府の作為の産物である、とのわたしの説を更に補強する。

復活を本質とする徳政と、徳治を本質とする徳政は、朝廷という場において不可分な連携を形成した。九条道家は徳治を本質とする徳政を推進しながら、その成果を蓄積して昔日の栄光を取り戻そうとしていた。それが彼の「徳政」だったのだ。彼の敷いた路線は後嵯峨上皇に継承され、上皇は社会の道理を見極めながら、訴訟の興行を企てる。それは上皇が君臨を旨とする「当為の王」から、統治に精励する「実情の王」へと転身する変化を表していた。上皇以降、朝廷の王たちは幕府と連絡を密に取りながら、実務貴族たちを率いて世の雑訴に能動的に取り組んでいくのである。

第7章　南北に分裂しても必要とされた天皇制

Ⅰ　実は孤立していた後醍醐天皇

明らかな二つのうそ　後醍醐天皇は即位当初から討幕を指向し、その願いを実現させた。権力の争覇で天皇が武家に勝利したのはこの時と、後の明治維新だけであった。そのために戦前の政府は後醍醐天皇をあがめ奉り、建武政府を破滅に追い込んだ足利尊氏《たかうじ》に悪の権化のレッテルを貼った。明治政府に弓引く者の出現は許されないからである。

後醍醐天皇が偉大な王であったことは、臣民に徹底して初等教育から教え込まれた。子どもの頃に受けた刷り込みを克服することはきわめて困難である。そのためか、「後醍醐＝賢王」観の影響は戦後にまで及んでいる。所謂「右より」の思想をもつ人々が、大化の改新・建武の中興・明治維新、この三つが日本史上の光華である、と主張するのはまだ理解できるが、唯物史観を信奉する所謂「左より」の研究者のあいだでも後醍醐天皇の人気は高い。

この天皇はとにもかくにも卓越している。そうした評価が先ずある。どういう点が、という考察はあとから追いかける。しかもこの時、何度か言及しているように、鎌倉時代後期の朝廷に対しての理解がまるで当を得ていない。そこでできあがるのが、たとえば「後醍醐＝異形の王」の如き、オカルトじみた解釈なのだ。

吉田定房、北畠親房、万里小路《までのこうじ》宣房《のぶふさ》。後醍醐天皇は有能な貴族たちを抜擢して政治にあたらせた英邁な王である、という評価がある。これはうそ。大覚寺統には彼らの他、六条有房や久我《こが》具房など、名前に「房」の字がつく有能な廷臣が奉仕しているが、彼らを見出し機会を与えたのは、先代の後宇多上皇であった。とくに、高名な北畠親房などは、天皇と異なる政治理念を有していたため、建武政権からは冷遇されてすらいた。

後醍醐天皇は醍醐天皇を敬慕し、強い意志のもとに自ら「後醍醐」を名乗った、という。これもうそ。諡号は通常は没後に定められるが、この時期の天皇たちは自身で選んでおくのが通例であった。確かに天皇は「後醍醐」を選択した。だが後醍醐天皇一人、特別だったわけではない。

また政治状況を説明するとき、往々にして「天皇に即位した後醍醐は記録所を復興するなどして政治に強い意欲を示し」の記述が見られる。この書き手はもうそれだけで、朝廷政治への無知を告白している。読者の皆さんはもうお分かりだろうが、後嵯峨上皇から以降、記録所は文殿として絶えず機能していた。天皇が政務をとったので、名称が記録所に戻っただけなのだ。記録所の活動と、後醍醐天皇が政務に熱心であったこととは因果関係をもたない。にもかかわらず、当時の歴史書が天皇の政治活動として記録所のことしか叙述しないため、自ら分析方法を工夫しない研究者は右のような書き方をする。「後醍醐＝賢王」の思いこみに寄りかかった、愚かなやり方である。

このように、後醍醐天皇周辺でいわれていることは、情緒的で不確かなことがあまりに多い。研究者であるならば、冷静に後醍醐政権を見ていかねばならない。このとき際だって特徴的なのは、天皇の伝奏である。これをきっかけとして考察を進めていこう。

北畠親房・九条光経《みつつね》・三条公明《きんあき》・平成輔《しげすけ》

この四人が伝奏として働いているが、中で実務貴族の名門の出身者は、九条光経（二条定高の曾孫に当たる）ただ一人である。その上、この点がもっとも重要であるが、天皇の命令書である綸旨のうち、伝奏が関わっているものは、わずか四％にすぎない。残りの大半は、慣習や年功序列も任命に多大な影響を与える、換言すると天皇の意思だけでは人事を行えない、弁官と蔵人が奉じている。

雑訴の興行に努める歴代の上皇たちは、股肱《ここう》の臣たる伝奏に、自身の判断を明示した院宣や綸旨を記させることが多くなる。その結果、右の数字は時が経つに連れ次第に上昇する。はじめこそ有効な伝奏集団を構成できなかった持明院統でも、後醍醐天皇の前代（花園が天皇、後伏見上皇が政務を覧《み》る）で六一％、後醍醐天皇が政務を覧る直前、父の後宇多上皇の院政では実に七一％にもなる。これが一気に四％に激減した。

貴族たちは敬遠していた　この数字の変化をどう解するか。後醍醐天皇が自己の意思をより鮮明にしたいために、歴代上皇の手垢の付いた伝奏の助力を嫌った。そう考えることも可能であろう。だが、おそらくは逆である。伝奏を生みだす名家の人々の側が、天皇への奉仕を嫌ったのだ。深刻な理由が二つある。

一つは後醍醐天皇の皇統での立場である。当時の大覚寺統の統主は後宇多上皇だったが、上皇と天皇の父子の不和は有名であった。後宇多上皇は早世した後二条天皇の子や孫に皇統を継承させたいと望んでいて、後醍醐天皇はいわば中継ぎ役として、即位したに過ぎない。この天皇に熱心に奉仕しても報われない。下手をすれば後に登場する正統な継承者の不興を買うこともあり得る。有能な廷臣ほどそう考えたであろう。

上皇と天皇の不和には、理由は二つあったように思う。一つは政治手法の違いである。

上皇は歴代の治天の君の中でも、とくに幕府との融和を心がける人であった。先に記したように、上皇の腹心の六条有房は、幾度も鎌倉に下向している。文書では済まさず、交渉を密に行う。上皇はそれにより、皇位も東宮の地位も独占する（天皇は後醍醐、皇太子は邦良《くによし》親王）など、大覚寺統の利益確保に多大な貢献をしていた。これに対し、天皇の幕府嫌いは有名であった。これでは父子がうまくいくわけがない。

不和の理由の二つめは、情緒的なことである。後宇多天皇の妻の一人は、参議藤原忠継の娘で忠子《ちゅうし》という女性であった。二人の間には尊治《たかはる》親王が生まれたが、忠子は天皇の愛情を確信できなかったらしい。このままでは、自分が生んだ可愛い皇子が皇位を得ることは覚束ない。そう判断するや、何と彼女は後宇多の父、大覚寺統の統主であった亀山上皇のもとに奔《はし》った。実権を掌握する上皇の寵愛を得るために。やがて尊治親王はみごと皇太子の座を射止めたが、それが忠子に閨房でねだられ、相好を崩した亀山上皇の後援に拠っていたことは想像に難くない。

忠子は亀山上皇に細やかに奉仕する。上皇が亡くなると、菩提を弔うため出家した。尊治親王には、自分のために苦労してくれた母への深い想いがあったのだろう。即位して後醍醐天皇となるや、直ちに母を女院に列し、談天門院の号を贈った。さしたる家の出ではない忠子は、女性としての栄誉を極めた。だがこうしたことは、事ごとに後宇多上皇に負の刺激を与えただろう。亀山と後宇多、後宇多と後醍醐。大覚寺統の父子はそれぞれに不和であった。やがて、これに後醍醐天皇と護良《もりよし》親王の対立が加わる。

後醍醐天皇が実務貴族の協力を得られなかった理由のもう一つ。それこそは天皇の倒幕の堅い決意である。天皇が即位したわずか二年の後、吉田定房は次の有名な文章を起草して天皇を強く諫めた。名文の誉れ高い文章なので、原文の読み下しも記しておこう。

「異朝は紹運《しょううん》の躰《てい》すこぶる中興多し。けだしこれ異姓更に出づるが故のみ。本朝の刹利《せつり》、天祚一種《てんそいっしょう》なるが故に、陵遅《りょうち》日に甚だしく、中興期《ご》なし。これ聖徳の観見したまふところなり。（中略）通三《つうさん》・儲弐《ちょじ》の廃立《はいりゅう》、高槐《こうかい》・大樹《たいじゅ》の黜陟《ちゅっちょく》、事みな武威より出づ。今の時、草創の叡念もし時機に叶はざれば、忽ちに敗北の憂あらんか。天嗣《てんし》ほとんどここに尽きなんや。本朝の安否この時にあり。あに聖慮を廻らさざらんや」

異朝は中国、刹利は国王、天祚一種は万世一系、陵遅は衰弱、通三・儲弐は天皇と皇太子、高槐・大樹は大臣と将軍、黜陟は官位の上げ下げ、の意であるので、訳すると次のようになる。

「中国の王室では『中興』、衰えていた命運を再び盛んにする事例が多い。これは（易姓革命が行われて）それまでの王家と異なる血筋の人が、（天の命を受けて）新たな天子として登場するからである。（これに比べて）日本の国王家は連綿と同一の血筋で受け継がれてきたので、次第しだいに衰えていき、復興を期待することはできない。……天皇・皇太子の進退も、人臣・将軍の任官も、すべて幕府の意向次第である。そうした現在、幕府を斥けて天皇中心の政治を開始しようとして、それが世の支持を得られなければ、朝廷はたちまち敗北の憂き目を見る。皇統は絶えてしまうだろう。我が国存亡の危機である。どうかこのことをよくよくお考え下さい」

定房は高い見識をもつ大覚寺統の忠臣で、落魄した後醍醐天皇を見捨てず、吉野まで付き従う人である。皇室に身も心も捧げた彼が「日本の天皇は万世一系であるから、もう盛んになることはないのだ」と言い切っていることは、まことに注目に値する。それはさておき、天皇が早くから幕府の打倒を目指していたのは明らかで、それは廷臣たちには、甚だ危険な企てに思えた。そこで彼らは保身を考えて天皇と距離を取った。

中御門経継という実務貴族がいた。名家層の名門の子弟ながらなぜか五位蔵人、弁官に任じられず、不遇を託《かこ》っていた。ところが後伏見天皇が後二条天皇に譲位し、後宇多院政が開始されたその日、急遽蔵人頭に抜擢され、その後中納言にまで昇進。後二条天皇が急逝すると官を辞め、第二次の後宇多院政が成立したその年に今度は大納言に進み、上皇の伝奏を務めた。持明院・大覚寺両統の盛衰が、これほど直截に官位に反映されている人は珍しい。彼はまさしく後宇多上皇の腹心と呼ぶにふさわしい。もう一人、六条有房の子で、中納言の有忠。有房は内大臣にまで昇りつめた、後宇多上皇第一の臣であった。有忠も次代の大覚寺統系廷臣の核となるべく、嘱望されていた人である。

経継と有忠の二人は、反後醍醐の旗幟を鮮明にしていた。同じ大覚寺統でも、天皇ではなく、天皇の競争者ともいうべき皇太子の邦良親王に仕えると言明していた。天皇と皇太子の不和は自明であったようで、これに後宇多と後醍醐の不和が加わる。経継と有忠ほど極端ではないにせよ、他の重臣たちも仕えるべき主を慎重に考慮したであろう。その結果として、後醍醐天皇は孤立する。

以上から考察するならば、後醍醐天皇は当時の朝廷の「①上皇（治天の君）と廷臣による雑訴の興行。②上皇（治天の君）による幕府との交渉」のどちらも行っていない。つまり天皇は、後嵯峨上皇から始まる、実情の王としての努力に背を向けているのだ。この点から、次のような説明は、明らかに誤っていると断じ得る。則ち「統治に精励する実情の王としての代々の天皇の業績が朝廷に蓄積されていて、後醍醐天皇はその財産を行使して幕府の転覆を成し遂げた」。これは的外れなのだ。

鎌倉幕府は自ら倒壊した

後醍醐天皇の軍事活動に参加した武士の名を挙げてみると、多治見、土岐、楠木、赤松、名和と当時としては無名の人ばかりである。天皇の準備は組織的なところがなく、見るべきものがない。軍事編成といえば、後白河上皇の昔と同様に南都北嶺の僧兵を頼りにするのみで、後鳥羽上皇には遠く及ばない。それでも成功してしまったのが討幕という奇妙な歴史事業であり、先に述べた朝廷の指向性との乖離《かいり》を併せ考えると、それは要するに鎌倉幕府の側に倒壊の真因があったということである。

それは何かと問うならば、先述した幕府内の二つの潮流の存在を、試みの答えとして挙げておきたい。一方で幕府は良き統治者であろうとした。だがもう一方では武士・御家人の利益を貪欲に追求しようとした。両者はいつしか二つの派閥を形成し、モンゴル襲来の緊張感さめやらぬ一二八五（弘安八）年、全面的な武力衝突を引き起こす。これが霜月騒動であり、勝利したのは武士の利益派であった。

内乱の結果として統治重視派は滅び、統治者としての幕府の成長は停滞する。たとえば御家人の土地所有だけを保護する有名な「永仁の徳政令」が成立するなど、疲弊する御家人救済を旨とする施政が展開された。それゆえに貴族や寺社などの伝統的勢力、御家人になれない新興の武士勢力、商業活動に従事する勢力等々、多くの人々は不満を募らせていった。幕府への失望は社会に広く深く浸透していったのである。

後醍醐天皇はこうした情勢を鋭く見抜き、幕府の打倒を呼びかけて挙兵した。それは重大な事件ではあったが、実効性を伴っていなかったから、この段階では幕府は微動だにしなかった。天皇が捕縛されて隠岐に流されると、護良親王が粘り強く畿内の悪党勢力を味方に付け、ゲリラ戦を展開する。隠岐を脱出した天皇も、再び幕府を討つように訴える。それでもいまだ、幕府を否定し切る道筋は見えなかった。

事態を一変させたのは、一三三三年四月の足利高氏の挙兵であった。源氏の正統と目されていた高氏は、全国の有力武士に協力を呼びかけた。その効果は大きく、武士たちの旗幟を北条氏打倒に変ぜしめた。彼らを率い、高氏は六波羅を攻撃する。関東でも事態は同様で、御家人たちは高氏の子の千寿王（後の義詮《よしあきら》）のもとに馳せ参じ、鎌倉を攻撃した。かくて高氏挙兵からわずか一月後、北条氏政権は鎌倉でも京都でも崩壊する。

だが、一般の武士たちは、幕府機構そのものを否定したわけではなかった。それは当時の将軍（第九代）守邦親王が討伐の対象となっていないことでよく分かる。宝治《ほうじ》合戦では有力御家人三浦氏が、北条氏に取って代わらんと挙兵した。霜月騒動では安達氏が北条氏に挑戦した。今回は足利殿が立ち上がったが、もう我々は北条殿の政治運営にはついて行けない。足利殿と一緒に幕府を立て直そう。それが鎌倉幕府崩壊時の当事者たちの意識ではなかったか。不思議なことに今までどの研究者も指摘していないのだが。

北条一族とその与党が滅亡すれば、足利高氏を中心とする鎌倉政権がすぐにも誕生する。視野の狭い関東の武士たちはそう思っていたのに、天皇の政府が京都に樹立され、肝心の高氏も京都に居住するらしい。それを知って、彼らは狐につままれたような気すらしていたのではないか。ともあれ、鎌倉幕府はあくまでも、自壊したのであった。

Ⅱ　画に描いた餅から室町幕府へ

呆気なく崩壊した建武政権　一三三三年六月、隠岐島脱出後に立て籠もっていた伯耆《ほうき》国(鳥取)船上山《せんじょうさん》から帰京した後醍醐天皇は、天皇と朝廷を中心とする政治を開始した。これが名高い建武の新政である。ところが天皇の施政は、貴族・大寺社などの旧勢力を過度に優遇したために、全国的な武士階層の反発を招く。武士の輿望を担って決起した足利尊氏の攻撃を受け、一三三六(建武三)年八月、新政はもろくも崩壊してしまう。

新政府の存続期間はわずかに三年と二ヶ月。平成の小泉純一郎政権や昭和の中曽根康弘政権よりも短命であった。常識的にはさぞや民心を掌握できぬ悪政だったのだろう、という見通しのもとに分析が行われるところである。ところが、先述の如く後醍醐天皇の人気は高く、建武新政もまた評価が高い。天皇は斬新な政治理念を打ち出した。けれども、蒙昧な武士はそれを理解せず、新政は惜しくも瓦解した。単純化するとそうした解釈を基調とする論文が、いまだに数多く提起されている。建武中興の大義、の如き戦前からの当為に目を奪われ、実情を見ていないように思えるのだが。

そもそも建武政権は、朝廷のそれまでの動向から見ても異端であった。動向とは、治天の君が実務に堪能な貴族の助力を得て統治を、という先の①である。廷臣たちは後醍醐の存在を、当初は疎ましく思っていた。武家側の事情で倒幕が成就してしまったから従うしかないものの、彼の真の補佐役は、実は育っていない。

従来の方法②、武士勢力との連携は、建武政権では完全に否定された。天皇は新しい武家の政権を認めなかった。護良親王は武士勢力の統合を画策したが、天皇と対立し失脚していった。直接のライバルの尊氏よりも、父である天皇が恨めしい、との言葉を残して。その足利高氏には天皇の諱の「尊」が与えられたが、実権力からは遠ざけられた。武家で政務に参加し得たのは、楠木・赤松・名和。たまたま、まさに偶然に天皇の知遇を得た者だけであった。組織的に武家を登用しようという意図は認められない。

天皇は実情の王として、施政を担当する意欲を旺盛に有していた。雑訴決断所という役所を新設して雑訴に対処したり、京都御所の新築を図ったり、貨幣の鋳造を意図したり。また、天皇の命令文書である綸旨に全てに優越する権威をもたせ、天皇親政を推進しようとした。だがそれらは、結局のところ画に描いた餅に過ぎなかった。①天皇の手足となる有能な廷臣と緊密な関係を築けなかったし、何より②、社会を支える一大勢力であった武家を用いなかったからである。

やがて尊氏が離反すると、建武政権は瞬時に崩壊した。味方する武士がおらず、軍事力が全く機能しなかったのである。後醍醐天皇は吉野に脱出して新しい朝廷を構想するが、行動を共にした貴族もほとんどいなかった。①がもう少し機能していれば、多少は人材を確保して、「朝廷の分裂」を現出できたのかもしれないが。尊氏は持明院統と連絡をとってこれに皇位を任せ、所謂北朝を生みだす。当時、貴族たちが天皇や朝廷をいうときは、北朝を指していた。吉野の朝廷は南朝であるが、その勢力は微弱であった。

それでも足利氏の室町政権は、敢えて南朝を追い詰めなかった。北畠顕家や新田義貞が戦没したあと組織的な抵抗はできず、三〇〇〇ほどの兵力しか保てなかった山中の政権を存続させた動機は何か。わたしは最近、鎌倉時代と同様に、皇位を相対化させたい武家側の意図があったのではないか、と考えるようになった。①と②の方法を以て、実情の王として実績を蓄積してきた本来の天皇と朝廷は、決して無視できぬ実力を有していた。それゆえに、どのような事態にも対応できるよう、北朝を相対化するために南朝を保存しておく。南北朝時代は南朝の涙ぐましい努力ではなく、室町幕府の都合によって、六〇年の長きにわたって続いたのだろう。

重要な三つの選択　建武新政の成立時から室町幕府が開かれるまでの激動の数年において、天皇と武家のあいだで、国のあり方を巡る重要な選択が三つなされた。一つは武家の政権を認めるか、認めないか。もう一つは、武士政権は容認せざるを得ない、と結論がでたところで要求された判断であって、幕府の性格をどう定めるか。鎌倉時代と同様に、朝廷と並立する支配機構として鎌倉に置くか。あるいは朝廷の様々な権能を吸収し、日本を代表する王権として歩むか。この場合の幕府は、京都に設けられねばならない。最後に一つ。天皇は必要なのか。そうではないのか。

幕府存続について対立し争ったのは、先にも言及したが、後醍醐天皇と護良親王であった。畿内の反幕勢力を掘り起こして粘り強く幕府軍と戦った護良親王は、自らが組織した武力を手放そうとせず、将軍位を望んだ。武家の棟梁となることによって武士の力を糾合し、朝廷と手を携えて新しい政治を展開しようとしたのである。

これに対して後醍醐天皇は武士の政権を認めなかった。加えて、土地の領有は天皇一人が決定する権限をもつこと、討幕戦の過程で変動した土地の領有権は以前の状態に戻すべきことを強く宣言した。護良親王に従っていた武士たちは、新しい領地の獲得こそを願って、親王に忠節を尽くしていた。天皇の政策は親王の存在と努力とを否定するものであった。親王は失脚し、武士たちは足利尊氏に期待を寄せるようになった。

武士を軽視する建武政権の限界を見定めた尊氏は、鎌倉で反旗を翻す。尊氏の対抗者として建武政権に重用された新田義貞が兵を率いて東下するも、足利勢は箱根・竹ノ下の戦いでこれを打ち破る。そのとき重大な問題が顕在化した。かつて源頼朝は富士川の戦いに勝ったあと、鎌倉に帰還し東国に覇権を確立した。我々はどうするか。もう一度、鎌倉幕府を興すのか。それともこのまま京都に攻め上るのか。

なるべく京都とは関係を持つまい。そう進言したのは弟の足利直義《ただよし》であった。武士の基盤は関東だ。建武政権が討伐軍を編成するなら、その都度打ち破れば良い。そのうちに朝廷に味方する武士はいなくなる。前代の鎌倉と京都の関係が復原できるだろう。

いや、それは違う。時代は動いている。いま我々が鎌倉で休息していては、政局はどう動くか分からない。鎌倉幕府の御家人制は、いわば精選された、特権的な武士だけを対象としていた。そこに参入できず、幕府の主従制から排除された武士はたくさんいる。彼ら新興の武士勢力をまとめる、護良親王のような人物が現れたなら……。悪党と呼ばれた楠木正成、赤松円心らの果敢な戦いを忘れたか。我々は彼らを積極的に吸収するため、京に攻め上るべきだ。そう発言したのは足利尊氏であった。足利勢は京都を奪取し、朝廷を取り込むようなかたちで新しい幕府を構築する。

「王が必要なら木か金で作れ」　敗走する新田勢を追いかけて京都に入った足利勢は、北畠顕家や楠木正成の反攻に遭い、いったんは九州に敗走する。そのとき尊氏は持明院統の奉戴を思いつき、光厳上皇の院宣を入手した。上皇は命令する。「持明院統にとっての朝敵を討て。これで尊氏は持明院統の官軍となり、朝敵の汚名を返上した。

けれどもその措置に、従来いわれているほどの意味があっただろうか。九州に下ってきた尊氏を、現地の武士たちは温かく迎えた。とくに院宣など必要ではなかった。勢いを盛り返した足利勢は東上して再度京都を奪取するが、ここでも光厳上皇の威光が作用しているような形跡はない。むしろ尊氏の陣営には、天皇や上皇の尊厳を踏みにじるような武将が多くいた。

たとえば美濃国の守護、土岐頼遠《よりとお》は京都で光厳上皇の行列に行き会い、「院のお車であるぞ、下馬せよ」と注意を受けると、「なに、院というか、犬というか、犬ならば射ておけ」と、上皇の牛車を取り囲み、なんと犬追物《いぬおうもの》をするが如くに矢を放った。牛車は転倒したというから、まかり間違えば上皇の命に関わる所行であった。

近江国を掌握する京極導誉《どうよ》は、光厳上皇の兄弟で、天台座主を務めていた妙法院宮亮性法親王《りょうしょうほっしんのう》の邸宅に焼き討ちをかけ、重宝を奪い取った。激怒した比叡山が導誉の処刑を申し入れると、出羽国への流罪が決定した。だが、三〇〇騎を率いて京都を出発した導誉は所々で宴会を催し、適当なところから帰京してきた。あたかも物見遊山である。

将軍の執事、高師直《こうのもろなお》に至っては次のように言い放つ。「京都には王という人がいらっしゃって、多くの所領を持っている。内裏とか院の御所とかがあって、一々馬を下りねばならぬ面倒くささよ。もし王がどうしても必要だという道理があるのなら、木で造るか、金で鋳るかして、生きている院や国王（天皇）はみな流し捨て奉れ」。また彼は配下の武士たちに、こう指示してもいた。「土地が欲しければ貴族様の荘園だろうと、由緒ある寺院の所領だろうと、構うものか。好きなだけ奪い取れ。あとはわたしが、荘園領主のみなさまに適当に言い繕っておいてやるから」。

だが、こうした風潮の中で、それでも天皇制は生き延びた。必要とされた、と評価してよいだろう。それはどういうことか。

鎌倉時代に中国から銭貨が大量に流入して物流が急速に盛んになったとはいえ、当時の生産の基本はいまだ耕地にあった。それゆえに統治権者に期待されたもっとも重要な働きは、鎌倉時代と同じく、在地での土地所有の保証であった。幕府は全国に将軍の分身たる守護を置き、地域に根ざした権力として位置づけた。守護を媒介として、将軍と在地領主の主従制は再確認される。守護は在地領主の土地所有を保護し、その代償として軍事力の提供を求めた。

南北朝時代の守護は、中央の威光に依存した。独力で何かを遂行する勢威を、いまだ任国内に築けずにいた。将軍や幕府の権威を借用し、土地の安堵の実現に努め、軍事力を編成する。この作業を巧みに遂行した者が守護大名として生き残り、失敗した者は淘汰される。没落した守護の任国には代替者が京都から派遣され、やがて顔ぶれが固定する。北陸の斯波、南畿の畠山、四国の細川、山陰の山名などの各氏は、その代表である。

守護大名は京都と連携してこそ、その権力を行使できた。京都を源泉とする支配が、在地で実体化したのである。こうした状況の下で、土地を安堵する体系として、京都を頂点とする「職《しき》の体系」が用いられた。かつて在地で荘園を経営する領主（武士）たちは各国の国衙（県庁）による荘園の収公におびえていた。そこで荘園が産出する利益の多くを天皇などの貴人に上納し、国衙の動向を抑制した。この結果作り出されたのが職の体系である。それは京に居住する天皇・貴族・大寺社を上位者（本家・領家）と仰ぐ、平安時代以来の土地所有の方法であった。

先の師直のことばを見て欲しい。彼は土地をかすめ取れ、と言うが、それは「職の体系、荘園制」への寄生に他ならない。荘園制を根本から否定するのではないのだ。この事例に明瞭なように、幕府はついに「職の体系」を越える理論を、用意できなかった。土地所有に関しては、室町幕府は、天皇の方法を乗りこえられなかったのである。

幕府のかかる漸進的な態度こそは、天皇制の温存に直結する。師直のことばによると、彼は天皇を煩わしいとは感じている。だが、その権威を否定することはできないのだ。金や木で作るにしても、天皇は存在しなくてはならない。情報の王、文化の王としての天皇からは、学ばねばならぬ事がまだ多く存在する。それをもっとも痛切に感じていたのは幕府政治を推進した副将軍の足利直義であり、先の光厳上皇襲撃の報に接した彼はあわてて土岐頼遠を逮捕、周囲の反対を押し切って斬首に処している。

Ⅲ　初めての武士文化・バサラの登場

唐物が流入する　北条氏の有力な一門、金沢貞顕《かねさわさだあき》の手紙は鎌倉時代末期に唐物が珍重されていたことを物語り、金沢文庫には見事な青磁の壺や花瓶などが今に伝えられている。研究の進展により金沢氏との交流があとづけられた吉田兼好は「唐の物は薬の外は、なくとも事欠くまじ。……唐土舟《もろこしぶね》のたやすからぬ道に、無用の物どものみ取り積みて、所狭く渡しもて来る、いと愚かなり（『徒然草』一二〇段）」と批判しているが、南北朝時代に向けて、唐物好み、唐物数寄は社会の趨勢となっていった。

南北朝とそれに続く室町時代の文化というと、しみじみとした「わび・さび」や「幽玄」などの概念が想起されるが、それだけではない。わびの代表として語られる茶の湯すら、次のような設え《しつら》え（当時のことばで室礼《しつらい》）を以て為された。

「部屋の正面には本尊として彩色の釈迦説法図（宋の画家、張思恭《ちょうしきょう》の筆）と墨絵の観音像（有名な牧谿《もっけい》の筆）などが懸けられる。本尊の前には金襴が掛けられて胡銅の花瓶が置かれ、錦繍で飾った机には真鍮《しんちゅう》の香匙《きょうじ》・火箸が立つ。来客用の胡床《こしょう》には豹《ひょう》の皮、主人の椅子には金紗が敷かれる。障子には唐絵、香台には堆朱《ついしゅ》・堆紅《ついこう》の香合、茶壺には栂尾《とがのお》・高雄のお茶。西廂《にしびさし》の飾棚には珍しい果物が積まれ、北壁の下には一双の屛風。その中に釜を置いて、湯を沸かす（『喫茶往来《きっさおうらい》』）

唐絵や堆朱・堆紅。唐物がふんだんに用いられる「唐物荘厳《からものしょうごん》（かざり）」の空間での遊びこそが一四世紀前半の茶の湯であった。極彩色、黒、金色、赤。きらびやかな色彩にあふれ、わび・さびとは無縁の場がそこに設けられていた。

歴史考古学の成果によると、中世後期の遺跡からは安価な陶磁器など、大量の唐物が出土するという。室町将軍家の「東山御物《ごもつ》」を頂点とする権力者の蒐集物とは品質が全く異なるが、唐物は民衆の生活にも着実に浸透していた。舶来指向が強烈なのは、現代の若い女性に限らない。室町中期には、唐物の名品の鑑定と荘厳の方法を集大成した、『君台観左右帳記《くんだいかんそうちょうき》』も著された。「もの」へのこだわりは確実に深化していた。

天皇の文化への異議申し立て　武士の存在は、中国大陸との交易においても、次第に重みを帯びてくる。兼好のような伝統的な文化人は、身につけた教養ゆえに、すぐさま物珍しい唐物に手を出すというわけにはいかなかった。ところが武士にはそうしたプライドや自己規制がなかったから、心の欲するまま、唐物を積極的に取り込んだ。華麗で珍奇な唐物の愛好はバサラ誕生の淵源となった。バサラこそは、武士が生みだした初めての文化であった。わたしはそう考えている。

　バサラという耳慣れぬ語はサンスクリットのバジラ（伐折羅）の転訛。後の「かぶき」にも似て、華麗な服装で身を飾り立て、常識外れに振る舞うさまをいう。武士の中でも、足利直義ら教養ある人々が定めた『建武式目』は「近日伐佐羅と号して専ら過差《かさ》（贅沢）を好み、綾羅錦繍《りょうらきんしゅう》（模様のあるうす絹に錦の刺繍）、精好銀剣《せいごうぎんけん》（精好織りに銀の剣）、風流服《ふりゅうふく》飾《しょく》、目を驚かさざるはなし、頗《すこぶ》る物狂《ものぐるい》というべきか」と苦々しげに記す。

　天皇の周囲には、王朝文化が育んだ「あはれ」を尊重する文化があった。「かたち」ではなく心に迫る「風情」が、そこには漂っている。それを言語化したものとしては、あまりにも有名だが「花はさかりに、月はくまなきをのみ、見るものかは。雨にむかひて月を恋ひ、たれ込めて春の行方知らぬも、なほあはれに情けふかし（『徒然草』一三七段）」がある。「もの」にとらわれず、情緒を重んじる伝統的知識人の目には、華美や贅沢を追い求めるバサラは、「物狂」と映じた。だが、現実的な権力を掌握しはじめたのは教養乏しい武士の側であり、バサラの側であった。それは新しい政治思想の土壌となった。注視すべきは、バサラの文化が意識の変化とも連動している点である。

高師直・京極導誉・土岐頼遠らはバサラを体現する革新的な存在として、バサラ大名と呼ばれていた。彼らの言動は先に記した通りである。荘園の押領を指示し、皇室出身の宗教権威の財産を略奪し、はては上皇本人に矢を射懸ける。既存の権力に牙を剝き、天皇制にすら不遜な態度を顕わにするのだ。伝統的権威をものともしない彼らの考え方が、新しい文化を生みだした。天皇の文化に異議を申し立てる粗野な武士たちは、天皇の存在そのものへの脅威となっていた。

後醍醐天皇は実情の王として社会に働きかける歴代の治天の君とは、全く異なる存在であった。天皇は武士との連携を拒絶し、そのことも原因となって実務貴族たちの積極的な協力を得られなかった。それゆえに鎌倉幕府の滅亡は、朝廷勢力全体の攻勢の賜物と見るべきではなく、鎌倉の権力闘争の結果と考えるべきである。

建武政権は、適正な武士の処遇を怠った。反発した武士たちは足利尊氏を代表とする政権をつくり、後醍醐天皇を吉野の山中に追いやった。だが、武士たちはいまだ天皇の統治の理論を超えられず、南北に分裂しながらも、天皇制は必要とされていた。

第８章　衰微する王権に遺された芯

Ⅰ　歴史の転換点、一三九二年南北朝合一

京都に天皇がいなくなった　足利尊氏と直義の兄弟は、役割を分担して事に当たり、室町幕府の発展に努めていた。尊氏は将軍として全国の武士を束ね、全ての武士たちの主人となった。所領の安堵を行い、命懸けの奉公を求め、軍事活動の指揮を執った。直義は鎌倉時代に進展した統治行為を継承し、幕府の吏僚を率いて行政・司法をつかさどっていた。二人は互いの活動と権限を重ね合わせ、新たな将軍権力を創出した。

だが、こうした二頭政治は、歴史の常として、やがて深刻な権力闘争を惹起する。一三五〇（観応《かんのう》元）年、軍事活動の最前線に立つ幕府執事の高師直と、行政者である直義の対立が顕わになった。直義は支配体制の確立を目的とし、そのために伝統勢力との連携を懸命に模索していた。朝廷や寺社も彼を信頼し、高い評価を与えていた。そうした直義にしてみれば、荘園など奪えばよいと公言し、伝統的権威への挑発を繰り返す師直

の如き存在は許容できなかったのだ。

ところが尊氏は、師直を支援する側に立った。このため長いあいだ手を携えてきた同母の兄弟は、全国を二分して戦火を交えるに至る。翌五一年、直義は年初の戦いに勝利を収め、師直と高一族を誅殺した。ところがその後、尊氏方は徐々に劣勢を挽回。京都での政局を維持できなくなった直義は、与党と北陸に脱出し、さらに鎌倉に落ち延びた。

尊氏も直義も、自己の存亡を賭けた戦いに勝ち抜こうと、南朝の取り込みを図った。戦いが熾烈《しれつ》になるほど、南朝が保有する少数の軍事力は、戦略的な価値を増したのである。両者は南朝の協力を取り付けるべく、様々な好条件を提示して折衝を重ねた。一〇月、尊氏と義詮の父子は南朝と手を結ぶ。尊氏は翌月、後顧の憂いなく（その認識は実は誤りだったのだが）京都を発して東下し、鎌倉の直義討伐の途についた。ただしその見返りは、驚くべきものであった。北朝の崇光《すこう》天皇と皇太子の直仁《なおひと》親王は廃され、北朝年号の観応は使用を禁じられた。天皇は南朝の後村上天皇のみとなり、観応二年は南朝の正《しょう》平《へい》六年となったのである。これを正平の一統という。

従来はこの事件から、南朝の存在感がなおも強力であることを読み取ってきた。だがそれはあたらない。南朝が保有する兵力は脆弱《ぜいじゃく》で、どんなに多く見積もっても二、三〇〇〇人の規模であろう。名のある武将もすでにない。それなのに尊氏は実にあっさりと、崇光天皇を退位せしめた。北朝は幕府が後援してこそ維持される。天皇の交代など何ほどのものか。そう言うが如くである。皇位はもはやそれくらいの重みしか有していない。

尊氏の南朝への降伏はあくまでも一時の方便であったが、南朝側もそれは十分に認識していた。尊氏が京都を留守にすると、南朝軍の指揮官、北畠親房は直ちに京都への侵攻を指令した。後村上天皇の本営は吉野山中の賀名生《あのう》から、山城国八幡《やわた》に動座した。後に羽柴秀吉と明智光秀が戦った天王山の近く、現在の京都府八幡市である。次いで、南朝の北畠軍と楠木軍とが京に向けて出撃した。京を守備していた足利義詮の幕府軍は大敗。五二（正平七）年閏二月、北畠親房と南朝軍は実に一六年ぶりに、京都を占拠した。

ただし、南朝の喜びは長くは続かなかった。一旦近江に逃れた義詮が、京極導誉らの応援を得て、反撃に転じたのである。三月、衆寡敵せず、親房らは京都を放棄し八幡に籠もった。やがて八幡の要害も幕府軍の攻撃を受けて陥落。五月、ついに南朝軍は壊滅し、後村上天皇・北畠親房らは賀名生に落ち延びた。

ここで、親房は思い切った挙に出た。京都占領時に確保していた光厳上皇ら四名の皇族を賀名生に拉致したのである。当時、新たな天皇は、天皇家の家長たる治天の君が指名し、幕府が追認する慣習であった。治天の君であった光厳上皇、光厳上皇が皇位にふさわしいと認めた光明上皇と崇光上皇、それに次の天皇になるべき直仁親王。この四人が京都から連れ去られた。従って、新たな天皇を誕生させる理論的根拠はみな消滅した。北朝に天皇がいなくなれば、必ずや南朝が有利になる。南朝の後村上天皇のもとに、皇統は合一されるかもしれない。大義や名分を重んじる親房は、そう考えたのだろう。

たしかに、室町幕府は、ほとほと困り果てた。先に述べたような理由から、やはり、天皇は必要だ。天皇制は維持しなくてはならない。では、どうやって新しい天皇を再生したらよいのだろうか。義詮、それに京極導誉を中心に、話し合いが重ねられた。

幕府が生みだした天皇　新天皇の候補としては、仏門に入る予定の、光厳上皇の第三皇子に白羽の矢が立った。皇子はこのとき一五歳、正式な名前すらもっていなかった。だが、皇位継承の候補者は探し出せても、親房の目論見通り、継承に正統性を与える治天の君がいない。そこで奇想天外な方法が案出された。幕府は皇子の祖母、光厳上皇の母の広義門院藤原寧子に目を付けた。何と彼女を治天の君に擬《なぞら》えることにしたのだ。広義門院は西園寺公衡の娘で、後伏見天皇の女御。光厳・光明上皇の母である。上流とはいえ貴族の生まれであり、皇室の系譜に連なる人ではない。もしも「万世一系」のような

「血の連なり」にこだわるなら、治天の君になれるはずのない女性であった。

女院は、はじめ幕府の求めを断った。けれども京極導誉の強引な要請により、渋々治天の君の座に就いた。もちろん、前代未聞の事態である。その上で、元服して弥仁《いやひと》王を名乗った先の皇子を、次代の天皇に指名した。有名な継体天皇の故事が持ち出され、伝統から逸脱した手続きが無理矢理に正当なものと強弁された。こうして、ついに、幕府が待望した新しい天皇の即位が実現する。後光厳天皇の誕生であった。

北畠親房は著書『神皇正統記《じんのうしょうとうき》』に、「三種の神器をもつ天皇こそは正統な天皇である」と記した。近代日本の指導者層は、喜んでこの説に従った。明治天皇は北朝の末裔であるのに、南朝を正統、北朝の天皇を僭主《せんしゅ》（偽の天皇）と位置づけていたのだから。

我ら臣民が敬慕してやまぬお上は、ニセモノの子孫なのか。そうした疑問が囁《ささや》かれたのは、無理からぬところであった。だが神器を切り札にすれば、この厄介な論理矛盾を切り抜けられる。一三九二（明徳三）年、「正しい天皇」である後亀山天皇が吉野から帰京し、北朝の後小松天皇に神器を渡した。両朝は合一し、北朝は正統性を獲得した。後小松天皇は晴れて「正しい天皇」になった。めでたし、めでたし。そうしたストーリーを描くことができる。

ただし、史実はそう単純ではなかった。『太平記』を素直に読むと、後醍醐天皇の周辺には複数の神器のセットが存在したらしい。足利尊氏に京都を占拠されると、天皇は皇太子恒良《つねよし》親王を新田義貞に託し、北陸に赴かせた。このとき皇太子に持たせたのは、本物の神器か、偽器だったのか。ひとたび尊氏に降伏し、二ヶ月後に吉野へ脱出した時点で、天皇は本当に神器を持ち出せたのか、否か。これらのことは、確認のしようがない。明治時代の碩学、田中義成《よしなり》博士はこの点に配慮し「神器の所在を以て正統となす説は、学術上には価値なし」と言い切っている(『南北朝時代史』、一九二二年)。

三種の神器をことのほか重視する親房にぬかりはなかった。京都占拠時に北朝の神器も接収し、吉野に持ち去ったのだ。北朝には、神器もまた、存在しなかったのである。そこで新天皇即位のための一連の儀式には、神鏡の入れ物であった小唐櫃《こからびつ》なるものが用いられた。醍醐寺の三宝院賢俊《けんしゅん》が探し出してきたというが、本物であった保証はない。たとえ本物であったとしても、所詮は代用品である。これもまた、その場しのぎの詐術と罵られかねない方便であった。後光厳天皇は、神器をもたぬ天皇でもあったのだ。

一連の事の運びは、言葉は悪いが、「いんちき」だらけである。厳密な手続きは一切なしで、新天皇が立てられる。吉野山中でこの報に接した北畠親房は、原理原則を重んじる人だけに、怒りを通り越して長嘆息したであろう。末世の極みである、と。

消滅の危機に瀕した北朝は、幕府の手で再建された。北朝の天皇を支えているのは、伝統でもなく、三種の神器でもなく、明らかに幕府権力であった。これでは、天皇が実情の王として機能することなど、できるはずもない。このとき朝幕関係には決定的な変化が生じた。天皇権力と朝廷は、将軍権力と幕府に包摂されはじめたのである。

実情の王が消滅した年　わたしの師の百瀬今朝雄《ももせけさお》は等持寺《とうじじ》で行われる法華八講《ほっけはっこう》という仏事に注目した。これは室町将軍家が私的に主催する法事であって、将軍と昵懇《じっこん》の廷臣も参列する。二代義詮が没した年にはわずかに中納言四人、参議一人、前参議一人しか顔を出していないが、約二〇年後の一三九〇年には関白二条師嗣《もろつぐ》以下、大臣・大納言ら二九人が参加している。現役公卿のほぼ全員で、将軍の権威の高まりが証明される。

この時の将軍は三代義満、三三歳で官位は従一位前左大臣であった。「近日、左相《さしょう》（義満）の礼、諸家の崇敬、君臣の如し」といわれており、彼は貴族たちを従え、朝廷政治のリーダーとしても振る舞った。とくに積極的に将軍家の家礼《けらい》となって義満を政治的に補佐したのは、上皇に仕えていた名家の人々、中級実務貴族層であった。持明院統に一心に奉仕していた日野家は、将軍家の正妻を出す家となった。日野をはじめ、広橋・

勧修寺《かじゅうじ》・万里小路などの各家は上皇に仕える如くに将軍に奉仕した。とくに義満は天皇や上皇を超える勢威を現出し、明との交渉では「日本国王」を称するに至る。治天の君による訴訟制は、将軍を核とするそれへと変容していく。

経済に目を転じよう。天皇の名で全国に賦課される税、具体的には御所を作るための造内裏役《ぞうだいりやく》、伊勢神宮を作るための役夫工米《やくぶくまい》、皇室祭祀の大嘗会役《だいじょうえやく》などは、将軍が徴収する段銭《たんせん》に地位を譲った。国家高権を根拠として全国に賦課する税を一国平均役というが、天皇は課税の主体である地位を退いた。段銭と並んで室町幕府経済の重要な財源となったのは棟別銭《むなべつせん》であるが、これについても朝廷から幕府へという動向が容易に確認できる。

武家勢力が進出してきた当時の京都は、政治的中心地というだけでなく、貨幣経済の進展によって経済流通の中枢でもあった。鎌倉時代後期、京都での生活には、すでに貨幣が不可欠であった。たとえば皇室領の一つである室町院領には一三〇六（徳治元）年の収支決算資料が現存するが、所領の年貢高は銭貨で記載され、合計額は五〇〇〇貫にも達する。これを参考にすると、京都には貴族・大社寺など多くの荘園領主が居住したから、集積される貨幣は厖大《ぼうだい》な額にのぼったであろう。多量の銭貨の流入はまた、貨幣を媒介とする商取引が一般的になったことをも物語る。

一三七一（応安四）年、後円融天皇の即位段銭を諸国に課したとき、幕府と朝廷は土倉一軒から三〇貫文、酒屋からは酒壺一つにつき二〇〇文ずつを徴収している。田地一段あたりの段銭は五〇〜一〇〇文ほどであったから、土倉は田地三〇〜六〇町を所有する領主に相当する。この数値は鎌倉時代の御家人の給田に匹敵した。一貫は現在の一〇万円ほどに換算できるから、三〇貫文は三〇〇万円ということになる。土倉は土蔵をもつ商人で、商人の中では富裕な者であるが、これらの数字を見れば、課税者である幕府や朝廷にとって、商人の存在が極めて重要であったことが納得できる。

京都の商人を保護し、支配したのは、元来は朝廷の検非違使庁であった。使庁は京都の町を保《ほう》という小区域に分け、職員を配置した。これが保の官人で、使庁下部《しもべ》と呼ばれる下級職員を指揮しつつ、保内商人の債権取り立て・抵当物件の差し押さえ・営業上の紛争への介入などを行った。このような保の官人の活動は、京都の商業の繁栄を支え、朝廷の課税収入を円滑たらしめた。

ところが鎌倉時代から、武家は次第に検非違使庁の役割を奪取していく。室町幕府は京都支配のために侍所《さむらいどころ》を置き、まず市中の警察権を掌握した。ついで侍所の活動を強化、一三八四（至徳元）年ごろから京中の土地に関する行政・裁判権を使庁から奪い、翌々年に債務・債権関係の裁判権を奪い、一三九二（明徳三）年に京中商人への課税権を確立する。ここに至って朝廷は、都市京都からの税収と切り離されてしまう。足利義満は一三七八（永和四）年に幕府の名称ともなった豪華な室町の邸宅（花の御所）を造営するが、侍所による使庁機能の吸収と京都支配の開始によって、名実ともに「京都の幕府」が成立する。

興味深いことに、室町幕府は一三九一年末から九二年にかけて、重要な案件を矢継ぎ早に処理している。足利家にとって第一の脅威であった大名の山名氏を討ち、右に述べたように都市京都の掌握を完了して徴税を可能にし、さらに南北朝の合一を果たすのである。おそらくこれらは相互に密接に結びついている。

山名一族は足利直義の与党であり、直義没後も養嗣子の直冬を奉じ、幕府と対等に戦ってきた。その山名氏を完全に降し、軍事的な覇権を樹立した幕府は、その勢威を以て京都の実力支配に本格的に取り組んだ。政治・経済・文化、全てに卓絶する京都に軸足を定めた王権として室町幕府はすがたを整え、朝廷の旧来のはたらきを吸収していく。為政者として将軍は天皇を凌駕し、もはやその優劣は誰の目にも明らかになった。それゆえ、皇家の相対化の必要性は失われる。幕府は南朝に利用価値を認めなくなるのである。かくて吉野山中に逼塞《ひっそく》していた南朝は、北朝に併合されるに至る。

南北朝の和睦とは、周知の如く、実際には南朝の消滅を意味していた。だがそれは、勝者であるはずの北朝にも、実は深刻な影響を与えていた。実質的な統治者としての武家政権は、朝廷への恐れと警戒を一掃できたと認識したからこそ、安心して南朝の否定へと進んだ。天皇は完全に掌中に収めた。そう幕府は判断したのである。それゆえにこの時点で、一三九二年の南北朝の合一を以て、天皇もしくは上皇は、実情の王としての機能を永遠に失った。そう解釈するのが合理的であろうと、わたしは思うのだ。

Ⅱ　「祭祀の王」としての機能停止

天皇と無縁だった新仏教　天台・真言の顕密宗界は平安時代以来、「王法と仏法は車の両輪」と称して天皇権力と不即不離の関係にあった。ところが室町時代になると、顕密の王たる天皇の地位は、足利将軍家の脅威にさらされるようになった。それは護持僧の活動に端的に見て取れる。

かつては精選された顕密僧が天皇の身体を守る護持僧として、御所に詰めて不断の祈りを捧げていた。ところがやがて、将軍の健康と盛運を祈禱する将軍護持僧の方が遥かに充実していく。彼らは天台・真言宗の有力門跡で構成され、伝統的な旧仏教界の頂点を形成していた。月ごとに室町殿に設けられた壇所に参住し、将軍の健康と幸福を祈念した。こころみに一四三一（永享三）年の顔ぶれを挙げておこう。山門とは天台宗の延暦寺系寺院、寺門とは同宗園城寺系、東寺とは真言宗東寺系をさす。

常住院尊経	寺門	関白九条経教の子	聖護院《しょうごいん》満意	寺門	関白二条良基の子
華頂《かちょう》定助	寺門	内大臣花山院長定の子	随心院祐厳	東寺	関白一条経嗣の子
曼殊院《まんしゅういん》良什	山門	関白一条経嗣の子	実相院《じっそういん》増詮	寺門	足利義満弟の満詮の子
浄土寺持弁	山門	足利満詮の子	宝池院《ほうちいん》義賢	東寺	足利満詮の子
地蔵院持円	東寺	足利満詮の子	実乗院桓昭	山門	関白一条兼良の子
円満院《えまんいん》尊雅	寺門	関白鷹司房平の子	三宝院満済	東寺	大納言今小路基冬の子

これを見ると、由緒正しく富裕な院家に足利家の子弟が送り込まれていることが先ず確認できる。その足利家出身の院主と摂関家出身の院主とを中心として、まさに選ばれた高貴な僧侶たちが将軍に傅いている。

　これに対して、天皇護持僧は形骸化していた。比叡山延暦寺の天台座主《ざす》・三井寺園城寺の園城寺長吏《ちょうり》・東寺の東寺一長者《いちのちょうじゃ》の三名が、名のみを連ねる閑職と化してしまっていた。少なくとも後醍醐天皇の時期までは、高い法力をもつと称する何とも怪しげな僧侶を含めて、様々な僧侶が盛んに天皇の周囲で活動していた。ところが、室町時代中期ごろの史料を読むと、そうした活気はまるで伝わって来ない。

より大きな変革は、顕密の外で起きていた。鎌倉時代になると、仏教に新しい宗派（以下、新仏教と呼ぶ）が盛んに生まれてくる。念仏の流れからは浄土宗・浄土真宗・時宗、法華経による救済を説く日蓮宗、禅の臨済宗・曹洞宗、それに律宗などである。これらの多くは「他力＝絶対者に帰依しよう」「易行《いぎょう》＝困難な修行は必要ない」「専修＝広範な勉学もいらない」を高らかに謳い、従来の顕密仏教との差異を明らかにした。

さらに重要なことは、視線の相違である。朝廷に重んじられた天台・真言宗は鎮護国家と玉体（天皇の御身）安穏、貴族の現世利益のために祈ったが、民衆を見ようとはしなかった。たとえばキリスト教には古くから「告解《こっかい》」がある。人々は教会に赴き、神の代理人である神父に懺悔《ざんげ》する。告白を受け止めた神父は、神の名において、その罪を許す。神と人の間に、たとえ聖職者であっても他者が介在して良いか？　そうした疑問は宗教戦争における重要な争点になったが、ともかくも神は名も無き人々を見つめていた。ところが日本の顕密仏教は、こうした機能なり庶民救済の概念を有していない。懺悔《さんげ》という言葉自体は存在するが、それは僧侶のあいだでのみ行われるものであった。

人々が救いを求めても、飢餓飢饉や疫病でもがき苦しんでも、平安時代までの仏教はそれに対処する意志をもたなかった。困窮する彼らとは異なる位相で活動していたのである。これに対して新仏教諸派は、こぞって「普通の」人々を凝視した。富裕ではなく、教養がなく、自律心にも欠ける。そうした人々がどうすれば救済されるのか、を第一の問いとして設定したのである。他力・易行・専修はその応答として導き出された。

顕密世界で頭角を現していく学僧たちは、多くが貴族の出自を有していた。彼らにとって天皇は目的であり手段であった。天皇のために祈り、それをよく遂行することで他者に認められる。天皇や朝廷を施主とする様々な法会に参加し、褒賞として僧位・僧官を昇っていく。高位の僧侶の人事権は、彼らの父兄である貴族たちのそれと同様に、天皇の掌中にあった。それゆえに天皇は、仏教界に君臨する「祭祀の王」であった。

ところが、この関係は、新仏教では成り立たない。まず禅宗は武家の宗派であった。臨済宗は「十方住持制《じっぽうじゅうじせい》」という方式を採用し、法系にこだわらずに住職を定めた。従来の寺院は「師資相承《ししそうしょう》」、つまり師から弟子へと受け継がれていたから、広く人材を求めるこの制度は画期的であった。ただし師資相承は世俗でいえば世襲にあたり、こちらを道理とする勢力は依然として根強かった。彼らは同じ法系で住職を占める「徒弟院《つちえん》」を形成する。ともあれ、十方住持制に則して新住職を選任するのも、徒弟院の新住職を承認するのも幕府であり、将軍であった。天皇は禅宗の人事には関与せず、夢窓国師（夢窓疎石）や大燈国師（宗峰妙超《しゅうほうみょうちょう》）などの国師号を授与するのみであった。

臨済宗以外の新仏教は、朝廷とも、幕府とも関係を持たない。念仏では、教義を確立した法然は京都近郊に居住し、権貴の求めにも応じて法話の場を設けた。弟子の親鸞になると自ら肉食妻帯して民衆の中に入っていき、人生の大半を地方で、民と共に過ごした。さらに一遍にあっては差別を受ける人々も取り込んで全国を経巡《へめぐ》り、権門に接近しようとしなかった。都市から地方へ、貴人ではなく名もない人々を、というベクトルを見て取ることは容易である。

新仏教は拠点を在地に求め、その地に生きる人々に教えを広めた。浄土真宗は北陸をはじめとして全国に浸透していったし、京都の新興商人たちの支持を得たのは日蓮宗であった。道元の曹洞宗は東北地方でも坐禅を勧めている。室町時代になると、武家の力、京都商人の力、在地の民衆の力が興隆していくが、彼らはみな従来の顕密に敬意を払いつつも、異なる仏教を信奉した。顕密世界は貴族の衰退とともに収縮していき、天皇の

「祭祀の王」としての振る舞いは収縮せざるを得なかった。

神道は社会に対応しなかった　神道世界を忘れてはなるまい。神道は教義も教典もなく、通常の宗教とは一線を画する存在である。キリスト教、イスラム教、仏教などが世界の諸地域に浸透していくのとは異なり、日本という場に限定して機能する。それは国生みの神話をもち、天照大神の直接の子孫が実在する天皇家であるという物語を作り上げている。神道が盛んであれば、「祭祀の王」としての天皇の地位は絶対であった。

ところが、仏教が朝廷で信奉されるようになると、神道は明らかに引き退き、神々は仏たちに吸収されていく。則ち、神は仏の化身であり、仏が本来の姿であるとされた。これを本地垂迹説《ほんちすいじゃく》といい、最高神の天照大神ですら大日如来と結びつけられ、神道はオリジナリティを次第に失っていく。

神社に五重塔が建てられたり、寺の境内に神が勧請されたりと、神仏は融合するが、仏の神への優越を証明するのは難しくない。例えば僧侶と神官の身分の比較である。親王や貴族の子弟は僧侶になるが、神官にはならない。神職の長たる神祇伯は花山《かざん》源氏白川家が世襲した（白川伯王家《はくおうけ》）が、その相当位階は従四位下にすぎなかった。公卿にすら数えられないのである。

例えば文書の形式を挙げてみよう。興福寺と春日大社は藤原氏の氏寺・氏神で一体のものと認識されたが、摂関や左大臣などに在任する藤原氏の代表者（藤氏長者《とうし》）が意思を伝えるとき、興福寺には彼の家来（氏院別当）が文書を作成し、伝達した（文書名は藤氏長者宣）。春日社に伝える文書は彼の家来の、そのまた家来が作成した（氏院別当宣）。興福寺の方が格上だったのである。このように、神の領域は仏に侵食されていた。

教義の面に着目しても、神道は停滞している。鎌倉新仏教が生まれ、社会に大きな影響を与えていたころ、神道はわずかに度会《わたらい》神道を成立させただけであった。荒木田氏が神官を務める伊勢内宮は天照大神を、度会氏が神官を務める伊勢外宮は豊受《とようけ》大神を祀る。丹波から勧請された後者は、もとは天照大神の食事を世話する神であった。だが実は豊受の神は天照と同等かそれ以上に高貴なのだ。そう説くのが度会神道である。

度会神道とは要するに、自らが奉じる神の格を上げたいがための読み替えに過ぎぬのではないか？　そうした疑問は当然起きるが、ここでは当否は論じない。ただし、それが中世の社会や人々に向けて働きかけを行っていないことは確かである。変革を企図した度会神道ですらかくの如きであるから、総体としての神は先に述べたように仏に取り込まれていくばかりであった。取り分けて神を選択して信仰する人々は現れず、神が京都の朝廷や天皇に積極的な影響を与えることはなかった。

天皇はたしかに宮中で祖先神を祀っていたのであろう。あるいは余人には知り得ぬ秘儀を執り行っていたのかも知れない。だが神が人々の精神的な分野に向けて新しい取り組みを試みぬ限り、それはわたしたちが折にふれ仏壇のご先祖様に手を合わせるのと同様、私的な営為に過ぎない。オカルトであればともかく、科学的な見地からするとそう評価するしかない。天皇と朝廷が世俗的な権力を失っていくのとともに、神についても、また仏についても、天皇は「祭祀の王」として機能することを停止せざるを得なかった。

Ⅲ　権力も権威もない天皇の文化のちから

日本史上最も困窮した天皇　ようやく「権力は失ったが権威である」時代にたどり着いた。一四六七（応仁元）年から、京都を戦場として応仁の大乱が戦われた後のことである。かつて東洋史の大家内藤湖南は「今日の日本を知ろうと思えば、応仁の乱以降を勉強すればよい。それ以前は他国の歴史と同じである」と述べたが、まさにその時期にさしかかる。

戦争は一〇年にわたったが、大きな戦闘はなく、小競り合いが断続的に続いた。厭戦《えんせん》気分は対峙する両陣営に色濃く漂ったが、八代将軍足利義政は軍事的にも政治的にも無力であって、戦いを停められなかった。幕府の無為無策は満天下に明らかになり、人々は失望し、将軍の権威は地に墜ちた。京都に常駐していた大名たちは、幕府に期待することをやめ、乱の終結とともに各々の領国に下向していった。室町幕府は守護大名の合議を政務の基本としていたから、彼らの不在は幕府の統治に大きな揺動をもたらした。

領国に帰った大名たちは、将軍の威光をあてにせず、地域の経営を進めていく。その過程においてある者は成功し、ある者は家臣に取って代わられた。外来の勢力に国を奪われた者もいれば、宗教勢力との戦いに倒れた者もいる。駿河国の今川義元は断固とした調子でいう。「只今はおしなべて、自分の力量をもって、国の法度《はっと》を申し付け、静謐《せいひつ》することなれば、守護（今川家のこと）の手はいるまじき事、かつてあるべからず」。今川家は誰の援助を受けることもなく、自分の力量に依拠して、領国の法を制定し、みなの生活を穏やかに守っている。だから、わが今川家の権勢の及ばぬことが、領国内にあってはならない（『今川仮名《かな》目録』）。何人にも頼らず、自分の力量で国に平和をもたらし、国を統治する存在、それを戦国大名と呼ぶ。

「戦国時代、各地の大名たちは競って上洛を果たそうとした。天皇や将軍の権威を借り、天下の統一をこころざして争った」。このような記述は教科書をはじめとして、様々なところで見ることができる。だが戦国大名の本質が右のようなものであるならば、こうした理解が誤りであることは明らかであろう。戦国大名の関心は絶えず自領に向けられていた。上洛しようとした者は織田信長の他にはいないし、天下を統一する、則ち日本は一つであるべきだと考えたのも信長だけである。

大名たちは将軍にも、ましてや天皇にも積極的な関心を持たなかったので、この時期の天皇たちはまことに苦しい日々を送った。日本史上、もっとも苛酷な時期であったろう。具体的には後土御門天皇（在位一四六四〜一五〇〇）、後柏原《ごかしわばら》天皇（同一五〇〇〜二六）、後奈良天皇（同一五二六〜五七）といった方々で、すぐに分かるように異様に在位の期間が長い。これは譲位したくとも費用がなかったからで、亡くなって初めて、皇位から解放されたのだ。

後土御門天皇が亡くなると、葬儀費用の都合がつかず、痛ましいことに遺体は四四日間も放置されていたという。新帝後柏原天皇は即位式を執り行えずにいたが、時の権力者であった細川政元は次のように言い放った。「内裏にも即位大礼御儀《おんぎ》無益《むえき》なり、さようの儀これを行うといえども、正体《しょうたい》なき者は王とも存ぜざる事なり、この分にて御座候といえども、愚身は国王と存じ申すものなり」（『大乗院寺社雑事記』）。即位の大礼を行うことは無益である。儀礼で飾ろうとも、中味のない者を人は王とは認めない。今のままでも、わたし政元は天皇を国王だと思っている。それで十分ではないか。政元の意向に逆らえる者はなく、「諸家公武とも」に彼の傲慢な理屈を尤もとし、即位式は行われなかった。

実情の王としての機能を喪失した天皇は、覇者に頼り、すがるしかなかった。即位・譲位の予算はない。日本古来の神々の加護を得るための大嘗祭も催せない。数百年にわたって大切に維持し来たった節会《せちえ》などの宮中行事は、みな退転してしまった。現任の公卿すら京都での生活に見切りを付け、地方の戦国大名のもとに寄寓した。たまさか大名の献金が届けられはしたが、言葉を換えれば、恒常的な上納は期待できなかったということである。後柏原天皇は皇位に就いてから実に二一年後、将軍の足利義稙《よしたね》と本願寺光兼の寄附によりようやく即位式を挙げた。光兼との連絡にあたった三条西実隆の家の門には、

痩せ公卿の麦飯だにもくひかねて　即位だてこそ無用なりけり

の落書が貼られたという（白米の飯から作る糊「続飯《そくい》」と「即位」をかけて、天皇・貴族たちの食

うや食わずの窮状を嘲笑う)。

このような様子を見ていくと、「天皇は権威として機能し続けていた」との説明は、あまりに虚しくないか。「ずば抜けた実力やすぐれた判断力の累積によって支えられた、他を威圧し、追随せしめる人がただよわせる雰囲気」とは『新明解国語辞典』が「権威」に付した説明であるが、物理的な「ちから」とあまりに遠く隔たってなお、権威ということば・概念の使用は妥当だろうか。否、決して適切ではないだろう。

では辛うじて残された、燃え滓《かす》のごとき「天皇の芯」はどこに求めればよいのか。これまで述べてきたところによれば、実情ではなく、まして当為ではなく、祭祀でもない。延命を果たしたのは、文化・情報である。天皇はこれをこそ固守し、これに依存したのだ。皇統が連綿と存続したことを知っている現代のわたしたちは、或いはそれを権威になぞらえたくなるかもしれない。けれども「文化と情報」はむしろ、剝き出しになった天皇の核心と捉えるべきとわたしは思う。

戦国大名たちは日本という国家に関しては知識も興味ももたなかった。だが、実用性に富んだ「都市京都」には強く惹かれ、関心を抱いた。例として、京都が制定する年号を挙げてみよう。年号を定める権限は取り敢えず天皇の手中にあった。戦国大名たちが自国で発給している文書を見てみると、改元に的確に対応していることを知る。中には福徳・永伝・弥勒・永喜などの勝手な年号（これを私年号《しねんごう》という）を使っている例がある。四年で終わっている享徳年号を、政治的な意図に基づいて二〇年まで使い続けている例もある。だがこれらはあくまで例外であった。ほとんどの戦国大名は、改元の情報をつかみ、これに従っている。天皇は「とき」を作る機能を保持していた。情報・文化の王としての面目を知る事例といえる。

栄光を失ったからこそ幽玄に立つ天皇　京都の文化を透徹した歴史眼を以て見通したのは、歴史研究者ではなく、山崎正和であった。その『室町記』に学びながら、文化の価値と天皇の関係について考えてみよう。

応仁の乱の後、社会を拘束する権力は急速に衰えたために、さまざまな階層の人々が自己主張する機会を得た。下剋上・弱肉強食の論理が横行する反面、多様な嗜好がいっせいに開花した。そのために世の中は千々に乱れながらも、豊かな文化を育んでいった。先の内藤湖南の言葉に呼応するように、まさにこの時代の文化が、近現代のわたしたちの趣味や生活様式の源流となっている。

活力に富んだ室町文化の中核には、日本史上で初めて成立した「都市文化」である京都文化が位置を占めていた。地方で勢力を蓄積した大名や有力武士たちは、京都に強い憧れをもって京に上り、やがてその繁栄を自己の領地に移植していった。「小京都」が各地に林立した所以である。秀でた芸能を糧として諸国をめぐる芸人たちも、富裕な町衆の庇護を受けて京都に滞在し、新たな気風を摂取していった。再び諸国への旅路についた彼らは、芸能に京都の洗練を加え、全国津々浦々で興行を催した。かくて都市文化たる京の文化は、日本各所に影響を与えていった。

戦国大名の勃興により、政治は地域性を獲得し、分立を指向した。一方で、文化は全国を統合する重大な役割を担っていた。文化の中心には京都が位置したから、「みやこ」は畏敬と親愛の対象であった。むかしそこには天皇を核とした絢爛たる王朝文化があった。時代が移るにつれて、人々は工夫を加えながら伝統的な美意識や感覚を継承していく。それはまさに室町文化の精髄たる連歌のありようと同じであった。発句の風情を座の人々が受け止めて、少しずつ新しい意匠を加えながら次に渡す。この作業を繰り返し、全体として一定の方向性を有する作品をみなで作り上げていく。

文化においても政治においても、新参の者は古きと対峙し、古きに学び、古きを批判的にせよ取り入れながら自己を形成する。ゆえに京都は中央として、いつも為政者の意識に存在した。新しい政治を創始するときには伝統文化の摂取が不可欠であり、この点で天皇と貴族は武士への優位を保っていた。武士の精神的・政治的な成長は、そのために貴族社会への接近として表現される。豊臣秀吉が関白になったり、武家典礼が整備されたりしたのはその顕れであった。天皇を核とする文化は時代を超えて確実に受け継がれ、地方の生活にも浸透していく。抽象的かつ形式的な意味において、天皇は文化の王であり続けた。

室町時代の文化のありようを鮮明に描き出した山崎正和は「幽玄」の概念に着目し、それがもつ「アイロニカルな（皮肉な）」構造を明らかにしていく。

幽玄を説明すれば、例えばわび茶の要諦《ようてい》を説いた、村田珠光《じゅこう》の言葉となる。「月も雲間のなきはいやにて候」。月は美しい。だがかげりのない満月だけが美しいのか。そこに雲がかかり、陰が生じる。明るい月に陰影が射したとき、両者の対比のうちに幽玄が生まれる。先に述べた吉田兼好の「花はさかりに、月はくまなきをのみ、見るものかは」と共通のベクトルを有する情緒である。ただし、後に本居宣長は酷評する。桜の花は満開、月も皓々たる満月が美しいに決まっているではないか。斜に構えただけの美意識は小賢しく、鼻につく、と。この批判でも明瞭なように、幽玄は繊細な美の均衡を踏まえてあやうく成立するのであって、二通りの性質を有している。

一つは時間軸の構造であり、ここでは「むかし」と「いま」が対比される。欠けることのない月は、平安王朝の栄華である。圧倒的な在りし日の王朝文化を憧憬を以て仰ぎ見つつ、一方に現代の衰亡しきった天皇や朝廷を対置する。この二重の、アイロニカルな構図が、幽玄と名付けられた美意識を育む。天皇はかつての栄光を失ったからこそ、幽玄の境地に座を占める。

もう一つは政治状況の構造であり、ここではいよいよ現実的な「権力」とかたちをもたぬ「ちから」が対比される。民衆をひれ伏させる居丈高な権力。室町時代にはそうした権力は存在しないし、作用しなかった。具体的で生臭い政治的欲求に伝統や文化を巧妙にかぶせて抽象化し、弱体化した天皇や応仁の乱以降の将軍を一定の強制力として演出する。それは単なる権力の衰微とは一線を画する振る舞いである。京都人の知恵が創出した仕掛けなのであって、ここにも二重で、アイロニカルな構図が見て取れる。人に服従を強いることのない、正確にいうと強いることができない、天皇の政治的なあり方すらもまた幽玄と評すことができる。

この解釈を踏まえてみれば、権威の一語では説明しきれない、天皇のまことに微妙なありかたが見えてくる。権力をもたない。けれども、「かたち」のない文化の中心に位置している。現実的な「ちから」としては人々に働きかけられない。しかし、精神的には人々に影響を与え魅了さえする情緒を紡ぎ出す源流となる。文化の王としての天皇こそは、二重構造を有してアイロニカルであり、まさに幽玄そのものであった。それが荒廃した戦国時代における、天皇の本質、天皇の芯とよび得るものであったのだろう。

天皇は動乱の世を生き抜いていく　しかしながら情報もしくは文化の面で、天皇は果たして他者を圧倒し得たのか、唯一無二の王であり得たのかと問えば、それは疑問であると言わざるを得まい。たとえば早くも南北朝時代には、先述したようなバサラが台頭した。それは武士を主要な担い手とし、時代を変革する強力な威勢をもった。またバサラにも顕著に現れているように、室町時代は唐物、華麗な船来品愛好の時代であった。海外からもたらされる文物は和物と比べものにならぬ価値を有し、人々は競ってこれを求めた。熱烈な唐物希求の中心には北山・東山文化を創出した足利将軍家があり、この意味でも天皇は、情報・文化の王としての地位を脅かされていた。

むろん、伝統の底力はやはり端倪《たんげい》すべからざるものであった。たとえばバサラ大名の京極導誉はやがて幽玄の趣を重視するに到り、世阿弥のパトロンとなり、足利義満の好みにも影響を与えたという。村田珠光は「和漢のさかいをまぎらかす」ことを勧め、和物も「面白く巧み候らはば」、唐物に「まさり候べく候」と述べた。和物と唐物の併存、巧妙に工夫しての和物の復権を説くのである。

唐物偏重の絢爛たる文化は獰猛《どうもう》な威圧感を伴っているため、デリケートな京都の知識人層はそれに鼻白み、程なく飽きてしまう。室町文化は重要なテーマの一つとして、他者を客として「もてなす」ことを掲げていたため、慎ましく控えめな文化への変容は必然的ともいえた。導誉の変化、あるいは京都町衆の都会人としての成長もそこに淵源をもっていた。

伝統は眼前の冷徹な現実へのアンチテーゼとして働く。それゆえに伝統に回帰しようとする動きは、いつの時代にも見て取れる。伝統が価値を失わぬ限りにおいて、伝統をもっとも良く社会に伝える情報の王としての天皇の存在には、絶えず一定の意味があった。天皇は権力を失いながら、いやむしろ武家と競合する現実的な権力を失ったがゆえに、苛烈な戦国時代を何とか生き抜いていく。

北朝の天皇は幕府の助力なしには様々な面で機能し得なくなった。天皇を皇位から降ろすことも、正当な手続きなしに天皇を産み出すことも、幕府は事も無げに遂行している。宿敵山名氏を倒し、都市京都への経済的な支配権を確立させると、幕府には北朝と南朝と二つの王統を許容する必要がなくなった。南北朝は合一されるとともに、天皇は「実情の王」であることを止めざるを得なかった。

祭祀に目を移すと、中世後期には禅宗と念仏が隆盛するが、これらは天皇と直接の関係をもたなかった。神道も振るわず、「祭祀の王」としての実力も意義も失われた。

天皇に残されたのは、王朝文化と圧倒的な情報量であった。武士たちは活躍の場を地方に求めていったが、自己の権力を地域に根付かせるためには、京都との対話が必要になった。京都の文化に学び、そのすがたを自分の領地に移していく。そうした運動が繰り返され、文化・情報の王たる天皇は幽玄の風情を身に纏いながら、きわめて劣悪な環境を生き抜いていく。

天皇を再発見した日本人——むすびに代えて

信長は天皇を必要としたか　さて、信長・秀吉・家康である。彼らと天皇の関わりを考察していくと、もう一冊分の叙述が必要になる。本書でそれを行う余裕はないが、これまで記してきた方向性に沿って、概要を記しておきたい。

織田信長は何よりも、自ら文化を作り出せる為政者であった。巨大な建築物は多くの人の視覚に訴える故に文化の象徴たり得るというが、その意味では安土城の天守閣は恰好の事例といえるだろう。太田道灌の江戸城、伊丹城、松永久秀の多聞山城などで、類似する建造物の存在は確認できる。だが、五重以上の本格的な天守閣は一五七九（天正七）年、信長によって初めて創造された。天高くそびえ立つその姿は抜群の視認性を誇り、権力の代名詞として、江戸時代の諸藩に取り入れられていく。信長の独創性は、この一事を以てしても十分に推察できる。

政治と密接に関わる文化といえば、何を措いても茶の湯であろう。「和漢のさかい」

の村田珠光から武野紹鷗《じょうおう》を経て、千利休によって「わび茶」が完成する。名物道具がなくても精進を続けることがわび茶の神髄、と利休は説いた。だが、利休を茶頭《さどう》として側近くに置いた織田信長は、名物道具を用いてのわび茶を興行した。名物の価値は高まり、軍忠への報償として土地ではなくて茶道具が欲しいという武士までが現れた。武田氏を滅亡させた後に上野国を与えられた滝川一益は述懐する。「今度武田討果《うちはた》し候。自然《じねんのぞみ》希もこれ有るかと御尋《おたずね》も候はば、小なすびをと申し上ぐべき覚悟に候ところ、さはなく、遠国《おんごく》にをかせられ候条、茶の湯の冥加はつき候」。褒美は何がいいかとお尋ねがあったら「小茄子《なすび》」を、と申し上げるつもりだったのに……。国持ち大名にしてもらうより、珠光ゆかりの茶入れ「小茄子」(本能寺の変で焼失)が欲しかった。

そこにはむろん誇張があるだろう。だが、土地を開発し、土地を耕すほかは質実一途に生きていた鎌倉武士を思えば、まさに隔世の感がある。土地ではなく、「もの」のために命がけで戦う。忍者の出身とも噂される、素性の知れない一益ですら、文化にのめり込んでいく。信長の文化は政治に直結し、伝統的な教養をもたぬ者をも取り込んで、大袈裟にいえば土地を媒体とする封建制の原理さえ否定するのだ。

信長は地球儀や地図を前にして、宣教師たちの話を聞くことを好んだという。中国に関する知識は以前から幅広く持っていたようであるが、東アジアはもとより、ヨーロッパの事情にも通じていたと思われる。いまに遺されている文物から見るならば、信長は南蛮趣味を思い切って導入している。他の事例から推量すると、「かたち」だけでは終わらないのが信長の文化への対応であるから、それは相当量の情報が移入されたことをも示しているのだろう。

さて、そうした信長とその政権の性格を考えたときに、どうしても派生してくる問いがある。自ら文化を生みだす豊かな創造性をもち、世界規模で最先端の情報を手にした信長にとって、文化・情報の王としての天皇がいまだに必要だったのだろうか。

むろん今谷明が夢想するように、正親町《おおぎまち》天皇と信長とが、権勢の帰属をめぐってすら緊張感を以て渡り合ったなどとは、わたしにはとても考えられない。時の流れに乗せてみよう。即位式を践祚の一〇年後にようやく行い、大嘗会は行えなかった後奈良天皇の皇子が正親町天皇である。自分の存在意義すら周囲に示すことのできなかった天皇権力が、さまで速やかに、政治に関与する準備を整えることはできまい。朝廷はかつて当為から実情へと施政の性格を変え、人材を確保するために長い時間を必要とした。活性化された朝廷が織豊期に突如として出現することを想定する人は、歴史を全く理解していないように思える。

信長は目的を明瞭に設定したときには、精神世界の総本山である比叡山を焼いてしまえる人物であった。門徒衆二万人の虐殺もしてのけた。たとえば死後の世界を頭の片隅にでも意識していれば、怖ろしくて回避したい所行である。もちろんそんなことをした人物は、霊性の遍在が自明とされるこれ以前の時代には存在しなかった。精神世界を軽視する、もしくは拒絶してこその行動からすると、信長が実情を冷静に把握する覇者であったことは疑いがない。

だからこそ、わたしは考える。信長の政権がいま少し存続していたら、天皇家は滅びたかもしれない。天皇家が滅びるといったとき、例えば織田氏が新しい天皇になり、天皇という地位は残る場合と、天皇がまさに消滅する場合とが想定できるが、わたしが想定しているのは後者である。天皇と貴族とを過去の遺物として捨て去る。それがどう評価されるかは別の問題として、歴史上、そうした行動をとる方向性を有していたのは、織田信長ただ一人であったろう。

秀吉は現状維持、家康は東国へと距離を取る

実力がすべて、を標榜していた信長が家臣に叛かれて討たれたことは奇異とするに足りない。松永久秀や荒木村重は能力が足りなかったが、明智光秀は情勢を見る観察眼と相応の実力とを兼ね備えていた。それで信長殺害までは成功した、というにすぎない。なぜ反旗を翻したかは、信頼すべき史料がない以上、光秀に聞かねば分からない。憶測をめぐらせる作業は発想豊かな小説家の領分である。信長が退場し、秀吉が浮上した。これにより、天皇と朝廷の相対的な地位は多少なりとも上昇した。歴史研究者が注目すべきは、そのことである。

秀吉政権の分析の根拠を説明する紙数はないのだが、それは現状維持を旨としていた、とわたしは理解している。先の天守閣の屹立を根付かせたのは、大坂城・聚楽第《じゅらくだい》・伏見城・淀城などを盛んに普請した秀吉であったという。信長が独創性を以て案出し、秀吉が知恵を働かせて実行する。天下統一事業も全国検地も茶の湯を用いた政道も、そうした性格のものであった。大名の肌理《きめ》の粗い配置や、五大老五奉行の大まかな行政システムは暫定的な色彩が顕著であるが、子飼いの部下の乏しい豊臣家としてはやむを得ない措置だったかも知れない。

徳川家康を短期間に討ち滅ぼすだけの余裕をもたなかった秀吉は、政権づくりに天皇を利用した。天皇のもとでの官位・官職において、家康を厚遇し面子を立てた。秀吉が関白、家康が大納言であれば、二人は上流貴族として同等で、秀吉が上首であるに過ぎない。この関係を一方で強調しながら、実際の主従関係を設定したのであろう。まことに巧妙なやり方である。豊臣家は関白職を世襲し、天皇家を奉じて国政の実権を掌握する存在としてデザインされた。若干の俸禄を与えられ、貴族たちは生存を許された。秀吉は明らかに、朝廷勢力の延命に手を差し伸べている。

一点、卑近な感想を付け加えたい。秀吉は宣教師がレポートしている如く、きわめて淫蕩で多くの妾を蓄えていた。夫人として丁重に遇されていた女性はそのうち一〇名程であるが、そのすべてが上流の武家の子女であった。目立つのは淀殿を含む三人の織田家の娘で、秀吉の想いが垣間見えるようだ。それはさておき興味深いのは、皇族・貴族の出身者が一人もいないことである。名門の、所謂お姫様ごのみであるにも拘わらず。これは何を意味するか。実は秀吉は王朝世界に、当然天皇にも、根本的には無関心だったのではないか。わたしにはそう思える。

『吾妻鏡』を愛読した徳川家康は、京都周辺の様々なしがらみを脱し、政権の場を鎌倉武士の故地たる関東平野に求めた。大坂の豊臣家は周到な準備ののちに滅ぼされたが、京都の天皇家は存在を許された。実情を改変するだけの権力をもたず、徳川幕府の脅威たりえないと判断されたのだろう。朝鮮出兵の後始末、禁止されても広まるキリスト教、海外からの物流と西欧の圧力。天皇家への対策はそうした懸案事項より、明らかに軽視された。「禁中並公家諸法度《きんちゅうならびにくげしょはっと》」が一六一五（元和元）年に制定され、それを以て解決済みとして処理されることになる。

その第一条には、「天子諸芸能ノ事、第一御学問也」とある。これは天皇について初めて定められた成文法である。それまで天皇は法を超える存在であった。ところが天皇のありようは、法の枠組みに収められてしまった。それでも天皇は最後まで保持していた文化・情報の王としてのすがたを尊重され、江戸時代を生きていくことになる。

仕事がなくなってしまった天皇　第1章で見たように、江戸時代には何より平和がもたらされた。人口増加率は中世に比べて三〇倍の伸びを示し、日本の人口は一〇〇年で二・五倍に膨張した。人々は取り敢えず安全を前提に暮らせるようになり、それまで生命の防衛に費やしていたエネルギーを他の活動に振り向けられるようになった。武士や庶民の知的水準は、そのために目覚ましく向上する。町人が中心となった元禄文化や文化文政の文化などは有名であるが、町人までもが歴史の主役として活躍するようになると、文化や情報の王としての天皇の振る舞いは窮屈なものになっていく。

たとえば「とき」を測る機能。朝廷は下級官人を天文博士や暦博士に任じ、天体観測や暦の作成を行っていた。暦については八五九（貞観元）年に中国暦の一つである宣明《せんみょう》暦を取り入れ、これをもとにして暦を編纂していた。三島神社の三島暦に代表されるように民間暦も存在はしたが、全国の人々は基本的には朝廷の暦に従っていたのだ。ところが江戸幕府は次第にこうした営為に興味をもつようになる。一六八四（貞享元）年、渋川春海《しゅんかい》に貞享《じょうきょう》暦を作成させて、八〇〇年以上用いられていた宣明暦と切り替えた。寺社奉行のもとには天文方《てんもんかた》が設置され、編暦作業の実務は幕府の手に移る。

「禁中並公家諸法度」の第八条には「漢朝年号の内、吉例を以て相定むべし（中国の元号の中から良いものを選べ）」とあり、この時点で幕府は元号決定に一定の介入を果たしている。だが依然として元号制定の権能は天皇の掌中にあり、新井白石は「我朝の今に至りて、天子の号令、四海の内に行はるる所は、独り年号の一事のみにこそおはしますなれ」（現代において、天皇の命令で全国に行われるものは、ただ年号の一事だけである）という（『折りたく柴の記』）。

だがよく調べてみると、将軍の代替わりには必ず改元が行われているのに対し、天皇の場合には明正天皇の時も霊元天皇の時にも行われなかった。朝廷は当然改元したかったであろうから、それを止めたのは幕府以外無い。幕府は天皇の専権事項であるはずの元号制定にも、やはり強烈な圧力をかけていたのだ。

こうなると、もはや天皇と朝廷はあるかなきかの存在に思える。だがそれではどうして天皇を尊ぶ、尊王論が生まれてくるのか。なぜそれが広く浸透し、明治維新の原動力の一つとなったのだろう。

儒学が生んだ尊王　その応答の一つとして、わたしは儒学の隆盛をみたい。この時代、仏教諸宗は政権を批判する機能をすっかり喪失した。各地に今も残る寺町を訪ねてみると、多くのお寺と墓地が集まっているが、様々な宗派が仲良く軒を連ねている。宗派ごとの先鋭な教えはかげを潜め、寺院は庶民の戸籍を維持して、葬式仏教を展開する。宗教としての力を減退させた仏教に取って代わったのが、幕府に信任された儒学であった。

儒学者たちは士農工商から成る社会の構造を説明するために、大義名分論を導入した。武士階級の中の主従制を考察する際にも、それは有効であった。だが、硬直しがちな彼らは往々にして世の中を見ようとしない。とくに町人が経済を通じて富を獲得していく様などは評価しない。「実情」を尊重せず、「当為」に引きずられていく。

すると水戸学に代表されるように、将軍を敬うのは当然であるが、ついで「将軍職を授ける」天皇のすがたが見えてくる。それは形式に過ぎない、とは生真面目な彼らは考えない。将軍に大義を授与する天皇、将軍よりも上位にある天皇の尊貴が強調される。天皇が埋没した時世にあって、わたしはおまえたち凡愚と違って天皇を認知したぞ、という品の良くない優越感もそこには作用していたのだと思う。ともあれ、生活に学問を役立てるのではなく、実生活を学問や道徳に従属させる儒学者によって、天皇は新たに見出された。

より重要な動きは庶民レベルで起きた。武士の施政のもとで着実に実力を蓄えていた町人や有力農民らは、まず字を識り、学びを始めた。あらゆる方面で知的水準を高めていった彼らは、歴史学が盛んな時代であったことも作用し、自分は何者でどこから来たのか、という問題に逢着する。自己のアイデンティティを獲得し、同時に全国が幕府によって強固にまとめられていた状況も相俟って、日本人としての自覚をもつようになる。このとき、歴史や神話の学びを通じ、彼らは天皇にたどり着く。それはまさに、「天皇の再発見」であった。

眼前の権力は嫌悪される。税を搾取する武士権力は憎悪と畏怖の対象にならざるを得ない。反対に、彼岸に位置する存在には淡く甘い期待が寄せられていく。ましてそれが文化をもととする雅やかな存在ならば、待望される要素は十分に準備されている。

文化の王が「当為」と「実情」を携えて復活する日は、やがてやってくる。だがそれが民衆が本当に待ち望んでいたものであったかどうかは、慎重に吟味しなければならぬ難問である。もちろんいまでも天皇は健在である。タブーとせずに、みんなでそのありようをめぐり、議論を深めていきたいと思う。

＊　＊　＊

曹操は『短歌行』で詠う。「青青子衿　悠悠我心　但為君故　沈吟至今」才覚溢れる君よ。私は君を恋う。「山不厭高　海不厭深　周公吐哺　天下帰心」どんなに図抜けた才であれ、私は受け止めてみせよう。周公のように君を待つ。さあ、我がもとに来たれ。人材による国造り。適材を適所へ。それは当たり前のように見える。だが、日本の歴史においては、そうしたことは長く行われなかった。世襲が重んじられ、調和が重んじられ、高い山のような深い海のような際だった才幹はむしろ警戒され敬遠された。例外的に信長は秀吉を抜擢したが、天下人となった秀吉は自らそうしたルートを封鎖した。こうした特徴をどう評価するかは、熟慮すべき課題であると思う。ただ一つ、いま一度確認しておきたい。この趨勢のただ中に、或いは頂点に、天皇は存在し続けたのだ。

本書は新潮社の編集者、内田浩平氏との真摯で熱いやり取りの中でしか生まれ得なかった。内田氏に心からの感謝を捧げたい。また、才能に乏しい私を公私に亘り支えてくれる本郷恵子氏に謝辞を述べる。プレゼントは買えないので言葉だけです。ありがとう。

本郷和人

二〇〇九年三月

本郷和人　1960（昭和35）年東京都生まれ。東京大学大学院情報学環を経て東京大学史料編纂所准教授。東京大学・同大学院で石井進氏、五味文彦氏に日本中世史を学ぶ。著書に『武士から王へ』など。

Ⓢ新潮新書

312

天皇《てんのう》はなぜ生《い》き残《のこ》ったか

著　者　本郷和人《ほんごうかずと》

2009年4月20日　発行
2020年1月10日　5刷

発行者　佐藤隆信

発行所　株式会社新潮社

〒162-8711　東京都新宿区矢来町71番地
編集部(03)3266-5430　読者係(03)3266-5111
http://www.shinchosha.co.jp

図版製作　ブリュッケ
印刷所　株式会社光邦
製本所　加藤製本株式会社

ISBN978-4-10-610312-4　C0221

価格はカバーに表示してあります。